Oliver Geisselhart

30 Minuten

Power-Gedächtnis

Bibliografische Information Der Deutschen Nationalbibliothek

Die Deutsche Nationalbliothek verzeichnet diese Publikation in der Deutschen Nationalbibliografie; detaillierte bibliografische Daten sind im Internet über http://dnb.d-nb.de abrufbar

Umschlag und Layout: die imprimatur, Hainburg
Lektorat: Friederike Mannsperger, Offenbach
Satz: Zerosoft, Timisoara, Rumänien
Druck und Verarbeitung: Salzland Druck, Staßfurt

3. Auflage 2011

Hinweis:
Das Buch ist sorgfältig erarbeitet worden. Dennoch erfolgen alle Angaben ohne Gewähr. Weder Autor noch Verlag können für eventuelle Nachteile oder Schäden, die aus den im Buch gemachten Hinweisen resultieren, eine Haftung übernehmen.

Printed in Germany

ISBN 978-3-86936-075-1

Abonnieren Sie unseren Newsletter unter:
www.gabal-verlag.de

In 30 Minuten wissen Sie mehr!

Dieses Buch ist so konzipiert, dass Sie in kurzer Zeit prägnante und fundierte Informationen aufnehmen können. Mithilfe eines Leitsystems werden Sie durch das Buch geführt. Es erlaubt Ihnen, innerhalb Ihres persönlichen Zeitkontingents (von 10 bis 30 Minuten) das Wesentliche zu erfassen.

Kurze Lesezeit
In 30 Minuten können Sie das ganze Buch lesen. Wenn Sie weniger Zeit haben, lesen Sie gezielt nur die Stellen, die für Sie wichtige Informationen beinhalten.

- Alle wichtigen Informationen sind blau gedruckt.

- Schlüsselfragen mit Seitenverweisen zu Beginn eines jeden Kapitels erlauben eine schnelle Orientierung: Sie blättern direkt auf die Seite, die Ihre Wissenslücke schließt.

- *Zahlreiche Zusammenfassungen innerhalb der Kapitel erlauben das schnelle Querlesen. Sie sind blau gedruckt und zusätzlich durch ein Uhrsymbol gekennzeichnet, sodass sie leicht zu finden sind.*

- Ein Register erleichtert das Nachschlagen.

Inhalt

Vorwort **6**

1. Ihr Gedächtnis kann mehr, als Sie denken **8**
Kopfkino 9
Die Zahlensymbole von 0-20 13
Den Hochzeitstag nie mehr vergessen 19

2. Namen WAREN Schall und Rauch **26**
Namenmerken leicht gemacht 27
Übungen zum Namensgedächtnis 29
Schwierige Namen und Daten zu Personen speichern 35

3. Vokabeln, Fachtermini und Fremdwörter easy behalten **38**
Vokabeln lernen wie ein Profi 39
Fachbegriffe lernen: kinderleicht 45
Fachinformationen sicher behalten 47

4. Vorträge und Präsentationen frei halten **50**
Die Power der Memo-Rhetorik 51
So werden Sie zum Verhandlungskünstler 55
Gesprächsdetails behalten mit der Blitzlicht-Technik 58

5. Vom Gedächtnisbesitzer zum Gedächtnisbenutzer **62**
Bilder: Die Sprache des Gedächtnisses 63
Geistig fit ins hohe Alter 70
Memoryfood 72

Der Autor **77**

Weiterführende Literatur **78**

Register **79**

Vorwort

Täglich erreichen mich Dankes-Mails von Vortrags- oder Seminarteilnehmern. Sie berichten, dass sie immer noch, Wochen nach der Veranstaltung, die dort gespeicherten Informationen sicher abrufen können. Damit nicht genug: Viele wenden die Geisselhart-Technik sogar bereits erfolgreich im Alltag an. Dies ist nicht selbstverständlich. Denn von einem 60 bis 90-minütigen Vortrag mit zum Teil über 2000 Teilnehmern erwarten sich die meisten nur einen unterhaltsamen, kurzweiligen Einblick ins Thema.

Lassen Sie sich von Ihrem Gedächtnis überraschen
Da weder in der Schule noch sonst irgendwo gelehrt wird, wie unser Gedächtnis richtig bedient wird, kann sich auch kaum jemand vorstellen, dass es in so kurzer Zeit zu spür- und sogar messbaren Verbesserungen kommt. Doch tatsächlich: Bereits nach einem kurzen Vortrag mit praktischen Übungen verbessert jeder Teilnehmer seine Gedächtnisleistung immens.

In 60 bis 90 Minuten zum besseren Gedächtnis
Zumindest kann sich jeder danach ca. 50 bis 100 Prozent mehr merken. Die in diesem Buch vorgestellte Geisselhart-Technik des Gedächtnistrainings ist so einfach wie genial. Sie geht von der natürlichen Gehirn- und Gedächtnisarbeitsweise aus. Mit ihr nutzen Sie tatsächlich mehr Ihres geistigen Potenzials. Lassen Sie sich auf dieses Experiment einmal vorurteilsfrei ein. Sie werden verblüffende Ergebnisse erzie-

len. Und dann sind auch Sie in der Lage, wie ein Teilnehmer nach einem nur gut einstündigen interaktiven Vortrag, Ihr Gedächtnis „gedächtnisgerecht“ zu bedienen. Sie merken sich nach dem Durcharbeiten der Übungen in diesem Buch tatsächlich alles, was Sie wollen. Aber: Sie müssen wollen. Soll heißen, Sie müssen die neu erlernte Technik auch tatsächlich anwenden. Und dann bekomme ich vielleicht demnächst von Ihnen eine E-Mail und Sie schildern mir Ihre Erfahrungen mit der Geisselhart-Technik.

Mit der in diesem Buch vermittelten Technik merken Sie sich sicher, schnell und dauerhaft:

- Namen und Gesichter
- PINs, Telefonnummern und Termine
- Vokabeln, Fachbegriffe und Fremdwörter
- Stichpunkte und Argumente für Reden und Verhandlungen
- Fachinfos, Listen und Abläufe

Und Sie nutzen Ihr Gedächtnis optimal. Viel Erfolg und natürlich auch viel Spaß wünscht Ihnen dabei herzlichst

Ihr Oliver Geisselhart

1. Ihr Gedächtnis kann mehr, als Sie denken

Was kann ich tun, um mein Gedächtnis richtig zu nutzen?
Seite 9

Wie kann ich mir Listen und Abläufe aller Art sicher und schnell merken?
Seite 13

Wie merke ich mir zuverlässig unseren Hochzeitstag?
Seite 19

„Klar habe ich schon mal vergessen" – antworten die wirklich allermeisten meiner Vortrags- und Seminarteilnehmer, wenn ich sie frage. Die Antwort stimmt jedoch nicht. Hirnforscher sind sich heute sicher: Unser Gedächtnis vergisst nichts, nichts, was es sich einmal richtig gemerkt hat. So könnte also in Zukunft Ihre Antwort auf die Frage, ob Sie dies oder jenes schon wieder vergessen hätten, sein: „Nee, ich hab es mir erst gar nicht gemerkt." Na ja, und weil dies vielleicht nicht immer die beste Antwort ist, halten Sie ja dieses Buch in Händen. Und Sie erfahren hier sofort durch den Einsatz einer lebendigen Geschichte, was Sie tun müssen, um Ihr Gedächtnis richtig zu nutzen.

1.1 Kopfkino

Ihr Gedächtnis ist (fast) perfekt. Sie müssen es nur richtig bedienen. Halten Sie sich einfach an die gleich folgenden Tipps und Sie werden sehr, sehr positiv von Ihrem Gedächtnis überrascht werden! Bitte stellen Sie sich die nun folgende, völlig absurde Geschichte einmal so deutlich, wie Ihnen dies möglich ist, in Ihrem Kopf vor. Schalten Sie Ihr „Kopfkino" ein. Auch wenn Sie denken sollten: „Was soll der Quatsch", lassen Sie sich einfach einmal darauf ein. Was soll schon groß passieren? Was passieren soll? Sie werden, sollten Sie aus Ihrem angelernten Denk- und Vorstellungsverhalten ausbrechen und sich die Story tatsächlich naturgetreu in Ihrem Geist vorstellen, extremst positiv von Ihrem Gedächtnis überrascht sein. Je echter Sie Ihr mentales Filmchen sehen, je realer Sie sich darauf einlassen, desto besser funktioniert es. Lassen Sie also alle Gefühle zu, tun Sie so, als sei Ihre Vorstellung Realität.

Verrückte Geschichte

Stellen Sie sich bitte vor, Sie zünden eine große Kerze an. Damit leuchten Sie in einen Raum. Nun sehen Sie ganz deutlich im Kerzenschein eine große, hölzerne Truhe stehen. Der Deckel ist aufgeklappt und Sie schauen hinein. Drin liegen, ganz bequem, ca. 12 bis 15 Männer, alle nackt. Sie staunen nicht schlecht. Da steht also eine Truhe mit Männern in diesem Raum und Sie schauen sich das Ganze mit dem Kerzenlicht sehr genau an. In diesem Moment tropft eine größere Menge Wachs von der Kerze und landet in der Truhe auf den nackten Männern. Nun hauen Sie lieber ab und bringen sich in Sicherheit. Sie kommen dabei an einem Schwanenteich vorbei. Da kommt ein Schwan mit schwarzer Sonnenbrille auf Sie zugeschwommen und watschelt an Land (bitte alles deutlich im Geiste sehen). Er hat eine Eisenstange dabei und haut damit alles kurz und klein, was ihm in den Weg kommt. Sie kneifen sich kurz und spüren den Schmerz: also doch wach! Nun rennen Sie, was Sie können, am Ufer des Teiches entlang und dem Schwan davon. Mit einem Eisen vom Schwan gehauen zu werden, muss nicht sein. Als Sie glauben, in Sicherheit zu sein, gönnen Sie sich eine Verschnaufpause. Sie wollen es sich gerade an der Uferböschung bequem machen, da passiert´s: Einmal nicht aufgepasst, schon steht hinter Ihnen ein Unbekannter mit einem Dreizack und pikst Ihnen damit in den Allerwertesten. Sie erschrecken nur kurz, denn als Sie sich umdrehen, blicken Sie in zwei freundliche Augen. Der Unbekannte fragt Sie in tiefstem Bayerisch: „Sag mal, kenn i di?" Sie sind sich nicht sicher, irgendwie kommt er Ihnen schon bekannt vor. Da Sie mit Ihrer Antwort etwas auf sich warten lassen, holt er schon mal einen Kollegen herbei. Es stellt sich heraus, dass es John Wayne, der alte Cowboy, ist. Er hat seinen Sohn dabei. Und nun überreicht Ihnen Johns Sohn ein sehr schönes und abnormal großes vierblättriges Kleeblatt (und immer schön im Kopf mitgucken). In diesem Moment taucht aus den Fluten des kleinen Sees eine hübsche Nixe auf. Sie hat nix an, ist also barbusig. Damit ihr niemand etwas weggucken kann, bedecken Sie ihre Brüste sogleich mit Ihren Händen. Die Nixe bedankt sich herzlich bei Ihnen. Sie hat ihren Dank noch nicht ganz zum

Ausdruck gebracht, da bricht sie mitten im Wort ab und reißt ihre Augen auf. Sie drehen sich um und glauben nicht, was Sie da sehen: Da läuft ein mächtiger Elefant ganz gemütlich an Ihnen vorbei. Doch damit nicht genug: Er schleppt ein Auto ab, einen älteren Ford. Er lässt sich von Ihnen nicht ablenken und läuft mit dem Ford hintendran einfach fort. Nun haben Sie wirklich genug von diesem Durcheinander und suchen das Weite. Auf Ihrem Weg kommt Ihnen ein junger Mann mit einer großen Fahne entgegen. Am Mast der Fahne klettert ein schwarzer Kater hinauf. Der junge Mann wankt ziemlich, nicht des Gewichts der Fahne oder des Katers wegen, nein, er ist voll wie zehn Russen. Als er auf Ihrer Höhe ist, riechen Sie seine Fahne auch noch. Kurz hinter Ihnen übergibt er sich, legt sich hin und schläft. Wie ekelig, denken Sie, und er tut Ihnen ein bisschen leid. Sie denken sich: Wenn der morgen früh aufwacht, hat er bestimmt einen heftigen Kater. Ein paar Schritte weiter steht eine riesige Sanduhr am Straßenrand. Sie gefällt Ihnen sehr und deshalb nehmen Sie diese direkt mit. Genau in diesem Moment beginnt es wie aus Eimern zu schütten. Schnell halten Sie die große Sanduhr über Ihren Kopf zum Schutz vor dem Regen (Ihr Kopfkino läuft noch, oder?). Da kriecht plötzlich eine Schlange aus der Sanduhr, eine große, giftig aussehende Schlange. Damit sie erst gar keine Gelegenheit hat, Sie zu beißen, schleudern Sie sie in einen alten, vertrockneten Busch. In diesem alten Busch verheddert und verknotet sich die Schlange so sehr, dass sie im Busch festsitzt. Hinter dem alten, verdörrten Busch beginnt ein herrlich grüner Golfplatz. Sie laufen hinüber und finden einen Golfschläger mit dazugehörigem Ball. Sie inspizieren den Schläger, um festzustellen, um was für ein Eisen es sich handelt. Da entdecken Sie Lippenstiftreste am Griff. Als Sie mit dem Schläger ausholen und den Ball ordentlich treffen, erklingt ein lauter Klingelton aus dem Ball. Die anderen Golfspieler staunen nicht schlecht, als Ihr Ball auf direktem Wege ins Loch fliegt. Es ertönt ein weiterer Klingelton, als der Ball dort sicher landet. Nach diesem Schlag kommen die anderen Spieler sogleich zu Ihnen herübergerannt. Alle sind sich einig, ein solcher Schlag muss gefeiert werden. (Und immer schön alles im Geiste sehen.)

Und so machen Sie sich auf den Weg ins Klubhaus, um dort Spaghetti zu essen. Sie bekommen eine so große Portion, wie Sie sie noch nie gesehen haben. Das schaffen Sie nie, denken Sie sich, und befördern unauffällig die Hälfte Ihrer Spaghetti aus dem Fenster. Was Sie nicht bedacht hatten: Vor dem Fenster steht ein junger, frisch gepflanzter Busch. Dort bleiben die ganzen Spaghetti hängen. Um nicht erwischt zu werden, zupfen Sie schnell jedes einzelne Spaghetto von dem jungen Busch herunter. Während Sie so am Zupfen sind, wirft Ihnen auf einmal ein alter Opa einen großen Wecker zu. Sie sind etwas verdutzt und werfen den Wecker reflexartig zurück. Der Opa duckt sich und dessen Mama fängt den Wecker. Da freut sich Opa und auch dessen Ma und Opa mit Ma, laufen lächelnd weiter. Nun genehmigen Sie sich endlich ein kühles Bierchen und lehnen sich erschöpft, aber auch zufrieden zurück: Was für ein verrückter Tag.

Lassen Sie bitte nun die eben vorgestellte Geschichte noch einmal vor Ihrem geistigen Auge ablaufen. Sie erinnern sich doch: Es fing an mit der Kerze …

Sollten Sie diese verrückte Geschichte noch exakt wiedergeben können, hätten Sie sich damit gerade sämtliche Präsidenten der USA seit dem Zweiten Weltkrieg gemerkt. Und das sogar noch durchnummeriert! (Auflösung s. S. 15)

Bilder sind der Schlüssel zu Ihrem Gedächtniserfolg. Stellen Sie sich alle Informationen, die Sie sich merken wollen, in Form von Bildern, Filmen oder Geschichten vor. Je kurioser diese Sequenzen sind, desto besser speichert Ihr Gedächtnis diese ab. Lassen Sie dabei möglichst alles so ablaufen, als sei es echt. Wundern Sie sich über die verrückten Bilder, lassen Sie Emotionen zu. Damit schalten Sie den Merk-Turbo ein.

1.2 Die Zahlensymbole von 0-20

Mit diesem „Ordnungssystem für Ihr Gehirn" merken Sie sich ab heute alle Listen, Abläufe, Zahlen und alles, was durchnummeriert sein sollte, schnell, einfach und sicher. Warum, erfahren Sie gleich.

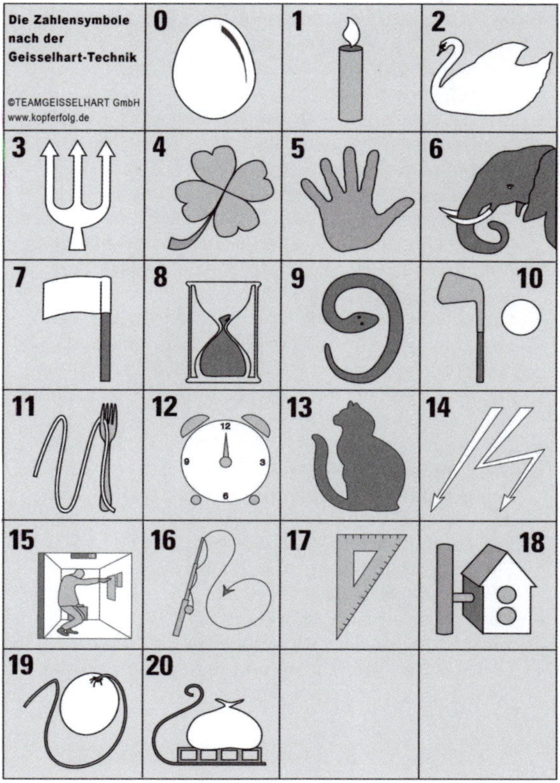

Hier erst einmal die Erklärung der einzelnen Symbole:

- Die Null sieht aus wie ein Ei,
- die Eins wie eine Kerze.
- Der Schwan erinnert uns an die Zwei.
- Der Dreizack hat drei Zacken,
- das Kleeblatt vier Blätter und
- die Hand fünf Finger.
- Der Rüssel des Elefanten sieht aus wie die Sechs und
- die Fahne hat die Form einer Sieben.
- Die Acht erkennen wir in der Sanduhr wieder.
- Die Schlange kringelt sich zur Neun.
- Golfschläger mit Ball stehen für die Zehn.
- Die gekochte Spaghettinudel sieht, so wie sie über der Gabel hängt, aus wie die Elf.
- Beide Zeiger des Weckers stehen auf der Zwölf.
- Die Katze macht mit dem Schwanz die Eins und der hintere Umriss ihres Körpers sieht aus wie eine Drei. Außerdem soll eine schwarze Katze Unglück bringen, die Zahl 13 ja angeblich auch.
- Der gerade Blitz ist die Eins, der gezackte die Vier.
- Der Aufzug hält im 15. Stock. Die schraffierte Wand des Liftes symbolisiert die Eins. Zusätzlich macht die Person im Aufzug mit dem ausgestreckten Arm und der Tasche am Knie die Fünf.
- Die Angelrute ist die Eins, der Haken die Sechs.
- Die linke, lange und gerade Seite des Zeichendreieckes ist die Eins, der hintere Teil sieht aus wie eine Sieben.
- Der Baum oder Stock, an welchem das Vogelhäuschen hängt, stellt die Eins dar, Ein- und Ausgang im Häuschen die Acht.
- Die Schnur erinnert uns an die Eins. Sie geht dann zusammen mit dem Ballon über in die Neun.
- Der Schlitten ist die Zwei und der Sack darauf die Null.

Bilder sind Ihr Schlüssel zum Gedächtniserfolg

Bilder merkt sich unser Gehirn leichter, schneller und sicherer als nackte Zahlen, Daten und Fakten. Bilder sind in der Lage, schnell und einfach Gefühle freizusetzen. Wenn Gefühle zur Informationsaufnahme hinzukommen, speichert unser Gedächtnis diese Informationen wesentlich besser und schneller ab als ohne Gefühle. Mehr zur Funktionsweise des Gehirns erfahren Sie in Kapitel 5.

Die US-Präsidentenstory: Auflösung

Hier also die versprochene Auflösung der völlig verrückten, ja geradezu bescheuerten Geschichte vom Anfang des Kapitels. Wie oben schon erwähnt, enthält die Story alle zwölf Präsidenten der USA seit dem Zweiten Weltkrieg. Und das nicht nur in der richtigen Reihenfolge, nein, unter Zuhilfenahme der Zahlensymbole auch noch durchnummeriert.

Lassen Sie die Geschichte noch einmal in Ihrem Geiste ablaufen:

Im Kerzenschein sehen Sie eine große, hölzerne Truhe mit Männern: Die *Kerze* bedeutet Nummer Eins, die *Tru*he mit *Män*nern steht für Präsident *Truman.*

Ein *Schwan* (2) mit einer *Eisen*stange *hau*t alles kurz und klein. Diese Sequenz steht für Präsident Nummer *zwei, Eisenhower.*

Ein Unbekannter mit einem *Dreizack* (3) pikst Ihnen damit in den Allerwertesten und fragt: Sag mal, *kenn i di? Dritter* Präsident: *Kennedy.*

Johns (Wayne) *Sohn* überreicht Ihnen ein vierblättriges *Kleeblatt* (4): *Vierter* ist Präsident *Johnson.*

Die hübsche *Nixe*, welche *nix an* hat und deren Brüste Sie mit Ihren *Händen* (5) bedecken, steht für den *fünften* Präsidenten: Richard *Nixon.*

Der *Elefant* (6) mit dem *Ford*: *Sechster* Präsident war Gerald *Ford.*

Der besoffene junge Mann mit der großen *Fahne* (7) und dem *Kater*: *siebter, Carter.*

Die *Sanduhr* (8) die Sie über Ihren Kopf zum Schutz vor dem *Regen* halten, steht für: *Reagan,* der *achte* Präsident der USA nach dem Zweiten Weltkrieg.

Die *Schlange* (9), die Sie in den *alten, vertrockneten Busch* werfen: *Busch senior,* Nummer *neun.*

Der *Golfschläger* (10) mit den Lippenstiftresten (Monica Lewinsky) am Griff und dem *Klingelton* aus dem Ball bedeutet Präsident *Clinton,* Präsident Nummer *zehn.*

Die *Spaghetti* (11) auf dem *jungen Busch* stehen für *Busch junior.* Er war der *elfte* Präsident seit 1945.

Der *Wecker* (12) werfende *Opa* mit seiner *Ma*: *Obama,* Präsident Nummer *zwölf.*

Mit dieser „Übersetzung" des verrückten Filmchens sind Sie nun jederzeit in der Lage, sämtliche Präsidenten der Reihenfolge nach und auf Zuruf den vierten, siebten oder neunten zu nennen. Vorausgesetzt, Sie haben sich die Symbole sicher eingeprägt. Gehen Sie die einzelnen Zahlen doch mal im Geiste durch und stellen Sie sich gleich das entsprechende Symbol dazu vor. Los geht's.

Und, klappte schon ganz gut, oder? Und wenn nicht, schauen Sie sich die Symbole einfach noch einmal an. Wecken Sie Ihre über die Jahre vielleicht etwas eingeschlafene Kreativität. Denn sie ist das Einzige, was Sie bei der Geisselhart-Technik begrenzt; sie kann nicht verrückt genug sein. Selbst die Gedächtnisweltmeister haben diesen Faktor als einzig limitierenden.

Mit den folgenden Tipps und etwas Training erschaffen Sie in Zukunft selbst völlig absurde und damit „merk-würdige" Bilder und Filme.

Gedächtnisgerechte Bilder

- Je ungewöhnlicher und lustiger, desto einprägsamer!
- Sehen Sie Ihr Bild oder Filmchen vor Ihrem „geistigen Auge".
- Seien Sie spontan, grübeln Sie nicht lange über die passende Assoziation nach, sondern entscheiden Sie sich für die erste, die Ihnen einfällt.
- Hören, fühlen, riechen und schmecken Sie Ihr Bild.
- Übertreiben Sie.
- Kein Druck, bleiben Sie locker!

Terminkalender im Kopf

Beginnen wir sofort mit der Alltagspraxis und merken wir uns ein paar Termine und Erledigungen. Die nötigen Verknüpfungen gebe ich hierbei noch vor. Sie brauchen also erst einmal nur zu visualisieren. Schließen Sie dazu bitte nach jedem Punkt Ihre Augen und stellen Sie sich die von mir beschriebenen Szenen so deutlich und lebhaft, wie Ihnen dies möglich ist, vor. Und bitte nicht verzagen, wenn Sie es nicht sofort in

Super-Technicolor-Dolby-Surround sehen. Wenn Sie das Gefühl haben, da könnte etwas sein, reicht dies für den Anfang schon.

Mentale Post-its

Was Sie als Erstes erledigen wollen, verknüpfen Sie mit der Kerze, denn diese steht ja als Symbol für die Eins. Die zweite Erledigung verknüpfen Sie mit dem Schwan, die dritte mit dem Dreizack, die zwanzigste mit dem Schlitten.

Tagesplan abspeichern

1. Zur Bank und Schecks holen: Stellen Sie sich die Schecks völlig mit Wachs, von der Kerze (1), vollgetropft vor.
2. Das Auto volltanken: Die Zapfpistole ist diesmal ein Schwan (2).
3. Die neuen Kundenanalysen mit ins Meeting nehmen: Alle Kundenkarteien nehmen Sie auf dem Dreizack (3) aufgespießt mit ins Meeting.
4. Ein wichtiges Fax an einen Kunden senden: Ihr Faxpapier ist grün und hat die Form eines vierblättrigen Kleeblattes (4).
5. Den bestellten Sessel vom Möbelhaus abholen: Sehen Sie einen Sessel, der aussieht wie eine große Hand (5), in die Sie sich setzen können. Und Sie fühlen sich sehr gut aufgehoben.

Fünf Erledigungen sollen als Beispiele erstmal reichen. Sollten Sie sich die Verknüpfungen wirklich im Geiste vorgestellt haben, müssten Sie diese nun leicht wiedergeben können. Wenn Sie sich nun die Zahlensymbole oben noch mal anschauen, werden die Erledigungen als kleine Filmchen Revue passieren. Testen Sie es doch gleich einmal.

Mit ein bisschen Training haben Sie die Zahlensymbole sicher schnell verinnerlicht. Sie werden auch feststellen, wie Ihre Kreativität rasant zunimmt. Denn die meisten Bilder oder Filmchen sind ja völlig absurd und lustig. Wer hier wieder wie ein Kind denken kann, hat eindeutige Vorteile. So können Sie sich mit der Geisselhart-Technik also nicht nur mehr in kürzerer Zeit sicherer merken, nein, das Ganze ist auch noch lustig. Und lachen kann man schließlich nie genug.

Die Zahlensymbole von 0 bis 20 sind in Zukunft Ihr Ordnungssystem fürs Gehirn. Mit ihrer Hilfe merken Sie sich Listen und Abläufe, Argumente und Stichpunkte für Ihre freie Rede oder Präsentation. Verknüpfen Sie auf möglichst originelle, kreative Art und Weise die zu merkenden Punkte mit den entsprechenden Symbolen. Das erste Argument mit der Kerze, das zweite mit dem Schwan, das dritte mit dem Dreizack. Damit sind Sie in Diskussionen oder bei Präsentationen und Gesprächen unschlagbar.

1.3 Den Hochzeitstag nie mehr vergessen

Mit den eben gelernen Zahlensymbolen merken Sie sich natürlich auch Zahlen ungemein leicht, schnell und dauerhaft sicher. Die Methode dafür kennen Sie bereits: Bilder auf möglichst kreative Art und Weise miteinander zu verknüpfen. Nur dass es diesmal Zahlensymbolstorys werden. Darin enthalten sollte natürlich ein Bild dessen sein, wofür die Zahl steht. Denn

Sie wollen ja nicht nur eine Menge an Zahlen im Kopf haben, sondern auch noch wissen, wozu diese jeweils gehören. Deshalb benötigen Sie nicht nur das Datum Ihres Hochzeitstages als Bildergeschichte, sondern zusätzlich ein Bild, welches für das Ereignis, hier also den Hochzeitstag, steht. Angenommen, Sie hätten am 4.6. Hochzeitstag. Dann könnten Sie beispielsweise als Bild für „Hochzeitstag" Ihre Frau und sich selbst vor dem Traualtar in der Kirche sehen. Nun noch die Zahlensymbole Kleeblatt für die Vier und Elefant für die Sechs, und Sie haben für immer und ewig Ihr exaktes Hochzeitstagsdatum im Kopf. Die Story könnte dann folgendermaßen ablaufen: Sehen Sie sich und Ihre Frau in der Kirche stehen. Der Pfarrer vor Ihnen, die Hochzeitsgesellschaft hinter Ihnen. Da überreicht Ihnen der Pfarrer ein schönes, großes, grünes vierblättriges Kleeblatt (4). Doch was nun passiert, hätten Sie sich in Ihren kühnsten Träumen nicht vorstellen können. Ein riesiger Elefant (6) stürmt in die Kirche vor zum Altar, bremst scharf ab, trötet so laut er kann und frisst das Kleeblatt auf. Verrückte Geschichte, oder? Aber: Wenn so etwas wirklich passiert wäre, würden Sie es ein Leben lang behalten. Sie würden es wahrscheinlich keinem erzählen, aber Sie müssten immer daran denken. Und so hätten Sie, sobald Sie an Hochzeitstag denken, immer sofort und sicher das Kleeblatt und dann den Elefanten, also 4.6., parat.

PINs mit Leichtigkeit gespeichert

Machen Sie doch mal selbst eine lustige Verknüpfung für die PIN 9063. Verknüpfen Sie also irgendwie bitte die Schlange (9) mit dem Ei (0), das Ei dann mit dem

Elefanten (6) und zuletzt noch den Elefanten mit dem Dreizack (3). Was für eine Geschichte fällt Ihnen zu Schlange, Ei, Elefant und Dreizack ein? Bitte beachten Sie unbedingt die richtige Reihenfolge!

Folgende Story wäre denkbar: Die Schlange (9) legt ein Ei (0). Daraus schlüpft ein Elefant (6). Dieser hält im Rüssel einen Dreizack (3). So weit die Story, jetzt fehlt noch das Bild für die Zuordnung, also ein Bild für die PIN. Sollte es die PIN für Ihre EC-Karte sein, stellen Sie sich das Ganze in der zur EC-Karte zugehörigen Bank vor. Eine solche Begebenheit in Ihrem Kreditinstitut würden Sie doch sicher behalten. Oder kommt so was in Ihrer Gegend schon mal häufiger vor?

Bei der PIN 1510 hätten Sie richtig Glück. Sie sparen sich Verknüpfungen, zwei, um genau zu sein. Denn Sie können für die Fünfzehn ein Bild nehmen und für die Zehn eins. Sie müssen also nicht die Eins mit der Fünf und die Fünf mit der Eins usw. verknüpfen. Nehmen Sie einfach den Aufzug und den Golfschläger mit Ball. Wie sieht Ihre Geschichte dazu aus?

Sie könnten ja wieder in der Bank am Tresen stehen, als plötzlich mit lautem Knall die Aufzugtür (15) aufgeht. Drinnen im Aufzug guckt der Golf spielende (10) Bankvorstand ziemlich verdutzt aus der Wäsche.

Das wandelnde Telefonbuch

Mit wichtigen Telefonnummern funktioniert das Ganze natürlich auch. Probieren Sie es doch gleich wieder aus. Sie wissen doch: Übung macht den Meister.

Angenommen, 240868 wäre die Durchwahl der netten Dame von der Bäckerei, welche Ihnen täglich Frühstück ins Büro liefert. Stellen Sie sich dazu doch mal eine Verknüpfungsgeschichte vor.

Müsste ich mir diese Telefonnummer merken, würde ich es folgenderweise tun: Zunächst stelle ich mir die nette Dame von der Bäckerei vor. Sie reitet auf einem Schwan (2) über eine grüne Kleewiese (4) mitten in der Bäckerei. Da findet sie ein Ei (0), aus welchem mit lautem Knacken eine schöne, antike Sanduhr (8) schlüpft. Darauf wird ein Elefant (6) aufmerksam. Dieser hat auf seinem Kopf einen Kopfschmuck: auch eine herrlich schöne, antike Sanduhr (8).

Nehmen wir einmal an, 0176/ 19 31 120 wäre die Handynummer des Ansprechpartners Ihrer Gebäudereinigung. Wenn Sie die nun geschickt aufteilen, kommen Sie mit wenigen Verknüpfungen aus. Dafür sollten Sie aber auch die Symbole bis 20 sicher im Kopf haben. Die Null können Sie vergessen, denn damit beginnt ja jede Handynummer. Sie setzen diese also einfach voraus. Sie haben also bei dieser Geschichte nur fünf Verknüpfungen: Zeichendreieck (17), Elefant (6), Luftballon (19), Dreizack (3), Spaghetti (11), Schlitten (20). Ohne die Symbole bis 20 würden Sie doppelt so viele benötigen: nämlich zehn. Also los, kreieren Sie doch auch hierzu mal eine nette Story.

Sie könnten zum Beispiel mit dem Zeichendreieck (17) die Größe des Gebäudereinigungsgeschäftes ausmessen. Da kommt ein Elefant (6) in das Gebäude hereinspaziert. Er hat einen großen, roten Luftballon (19) am Stoßzahn. In diesen piksen Sie mit dem Dreizack (3) hinein. Er platzt unter lautem Getöse auf und heraus fallen lauter leckere Spaghetti (11). Diese packen Sie auf einen großen Schlitten (20) und schieben ihn aus der Gebäudereinigung hinaus. So ist es dann auch dort wieder schön sauber.

Geschichtsdaten behalten

1517: Martin Luthers Thesenanschlag. Basteln Sie bitte nun hierzu Ihre Verknüpfung.

Hier eine mögliche Lösung: Martin Luther fährt mit dem Aufzug (15) hoch zur Tür, an welcher er die Thesen anschlagen will, und misst mit dem Zeichendreieck (17) den besten Platz zum Anschlagen aus.

1914: Beginn des Ersten Weltkrieges. Und weil's so schön ist, hier gleich noch einmal.

Der Erste Weltkrieg begann genau dann, als in den schönen Luftballon (19) der Blitz (14) eingeschlagen hatte. Der laute Knall ließ alle Soldaten wach werden und sie rannten gleich los in den Krieg.

Unschlagbar mit den Zahlensymbolen

Wenn Sie die Zahlensymbole der Geisselhart-Technik einmal wirklich verinnerlicht haben, merken Sie sich, wenn es sein muss, selbst schwierige und lange Zahlen mit Sicherheit, in kurzer Zeit und mit Spaß!

Nutzen Sie also die Symbole. Sie werden schon recht zügig merken, wie einfach es damit in der Praxis funktioniert. Geben Sie sich allerdings erst noch ein wenig Zeit, um Ihre neu erworbene Technik, Ihr neues Denken wie selbstverständlich anzuwenden. Geben Sie sich etwas Zeit, um zu üben. Mit etwas Übung merken Sie sich Zahlen in Zukunft bestimmt nie wieder anders.

Nutzen Sie auch Ihre individuellen Bilder

Sie müssen nicht immer und ausschließlich mit den von mir angebotenen Symbolen arbeiten, um sich Zahlenfolgen einzuprägen. Zu etlichen Zahlenkombinationen haben Sie sicherlich eigene, persönliche Assoziationen und Bilder. So ist für mich die Zahl 67 mein Geburtsjahr. Da bastele ich mir keine Story aus Elefant und Fahne. Bei der Zahlenfolge 911 muss ich sofort an einen Porsche 911 denken und bei 323 zum Beispiel an einen BMW oder einen entsprechenden Mazda. Sollten Ihre Interessen auf anderen Gebieten als auf Autos liegen, so gibt es dort sicher Ähnliches. Ein Udo-Jürgens-Fan denkt bei der Zahl 17 wahrscheinlich automatisch an den Songtext „17 Jahr, blondes Haar…“. Suchen Sie also in Zukunft in Zahlen nach Bildern und Storys. Damit ist die Zahl 1 94 53 23 91 1 nicht bloß die Telefonnummer eines Geschäftspartners, sondern: Am Ende des Zweiten Weltkrieges (1945) hatte eben dieser Geschäftspartner schon einen Mazda 323 und sogar noch einen Porsche 911. Das ist sehr merk-würdig, denn diese Autos gab es damals schließlich noch gar nicht!

Mit Bildern und Geschichten zum Power-Gedächtnis. Eine große Hilfe beim Merken von Abläufen, Telefonnummern, Terminen usw. sind die Zahlensymbole von 0-20. Das funktioniert, indem Sie

- *die Symbole sinnvoll miteinander verknüpfen,*
- *ein Bild dessen einfügen, wofür die Zahl steht, und*
- *darauf achten, eine möglichst merk-würdige Story dazu zu entwickeln.*

2. Namen WAREN Schall und Rauch

Wie erinnere ich mich sicher an den richtigen Namen zur richtigen Person?

Seite 27

Wie kann ich wertvolle Informationen zu wichtigen Menschen behalten?

Seite 29

Viele Menschen fühlen sich in Gesellschaften häufig unsicher und unwohl, wenn jemand sie freundlich und mit Namen begrüßt, sie selbst aber nicht wissen, wie die betreffende Person heißt. Das Selbstbewusstsein leidet hierunter nicht selten. Klar ist, dass persönliche Beziehungen, aber auch Geschäfte besser laufen, wenn Sie die Namen der wichtigen Personen sicher und zuverlässig abrufbereit zur Verfügung haben. Wenn Sie dann noch wissen, was im letzten Gespräch abgemacht wurde, und sich an Details aus dem Smalltalk erinnern, wirken Sie sympathisch und interessiert. Und Sie sind es auch, denn Sie zeigen ja echtes Interesse an der entsprechenden Person und basteln genau aus diesem Grund eine einprägsame Verknüpfung.

2.1 Namenmerken leicht gemacht

Mit den folgenden sechs Punkten merken Sie sich in Zukunft die Namen von für Sie wichtigen Personen wesentlich leichter, schneller und auch noch sicherer und langfristiger. Ihr Ziel sollte es hier erst einmal sein, in ca. zehn bis 15 Minuten zehn bis 15 neue Personen samt den dazugehörigen Namen abzuspeichern. Gedächtniskünstler merken sich in derselben Zeit sage und schreibe 195 Personen mit Vor- und Zunamen(!). Boris Nikolai Konrad beispielsweise kann es. Wenn er 195 Vor- und Nachnamen in 15 Minuten schafft, dann schaffen Sie doch wohl, mit der richtigen Technik und etwas Übung, ca. 15, oder etwa nicht? Doch alle müssen mal klein anfangen, also beginnen Sie gleich mit dem Üben! Die richtige Technik folgt sofort!

Die wichtigsten Namenmerk-Tipps

1. Finden Sie eine Auffälligkeit.
2. Achten Sie darauf, den Namen richtig verstanden zu haben.
3. Machen Sie aus dem Namen ein Bild.
4. Verknüpfen Sie die Auffälligkeit mit dem Bild des Namens, wenn möglich auf skurrile Art und Weise.
5. Sehen Sie diese Szene so realistisch wie möglich vor Ihrem geistigen Auge und lassen Sie Gefühle zu.
6. Behalten Sie das Bild des Namens und die Verknüpfung für sich.

Gehen wir das Ganze doch gleich praktisch an. Nehmen wir einmal an, Sie lernen einen Mann kennen.

- **Auffälligkeit:** Sie schauen ihn sich genau an und entdecken, dass er gut durchblutete Wangen hat, also ziemlich rote Backen.
- **Namen:** Er stellt sich Ihnen mit dem Namen Bauer vor.
- **Namensbild:** Ein Mann hinter einem Pflug.
- **Verknüpfung:** Eben dieser Mann mit den roten Bäckchen hinterm Pflug. Wer viel an der frischen Luft ist, hat auch einen gesunden Teint.
- **Realistische Vorstellung:** Vielleicht haben Sie ihn ja in Designerkleidung oder im Anzug kennengelernt. Wenn er damit tatsächlich pflügen würde, würden Sie diese Szene sehr, sehr lange behalten. Dies wäre doch sehr skurril.
- **Bild bleibt Geheimnis:** Natürlich sagen Sie ihm nicht, wie Sie sich seinen Namen merken. Dies würde sonst zu der einen oder anderen Verwunderung führen.

2.2 Übungen zum Namensgedächtnis

Das Verbildern der Namen kennen Sie ja bereits, denn auch die Namen der US-Präsidenten haben wir ja verbildert. Genauso gehen wir hier auch in der folgenden Übung mit real existierenden Personen vor. Die Auffälligkeiten zu finden ist einfach: Es gilt alles, was auffällt. Also alles, von dem Sie glauben, sich wieder daran erinnern zu können. So gibt es Menschen, die so gut wie immer wissen, wo sie die entsprechende Person, kennengelernt haben. Andere erinnern sich mit großer Sicherheit an das Hobby oder den Beruf der Person und andere wissen, welches Auto die betreffende Person fuhr, was für eine Uhr, Kette, Krawatte usw. die Person trug. Wieder andere erinnern sich an deren Sprüche oder Witze. Dies alles sind Bilder! Entscheidend hierbei ist: Unser Gedächtnis braucht nicht alles geliefert zu bekommen. Es reicht die Person, und unser Gedächtnis liefert von ganz allein, was es mit dieser Person verknüpft hat. Nur: Unser Gedächtnis liefert in den seltensten Fällen den Namen, denn dieser ist meistens kein Bild. Deshalb merken wir uns leichter Namen wie Herr Kackenhauer oder Frau Großmaul. Denn Sie verbinden sofort ein Bild, also auch ein Gefühl, mit der entsprechenden Person. Deshalb suchen Sie nun nach allen erdenklichen Auffälligkeiten und verbildern Sie in der folgenden Übung, als hätten Sie nie etwas anderes getan. Lassen Sie Ihre Kreativität einfach mal raus, spielen Sie Pippi Langstrumpf, alles ist erlaubt. Decken Sie doch im ersten Durchgang, um sich voll auf die Auffälligkeiten zu konzentrieren, die Texte neben den Fotos einfach ab.

Auffälligkeit: Leger geöffnetes Hemd.
Name: Frädrich.
Bild des Namens: aus „Fräd" machen wir „Frettchen" und hinten klingt „riechen" durch.
Verknüpfung: Durch sein „geöffnetes Hemd" kann er das „Frett"chen „riechen".
Augen schließen und so real wie möglich vor Ihrem geistigen Auge sehen. Bitte lassen Sie auch Gefühle zu.

Auffälligkeit: Er sitzt im Rollstuhl.
Name: Grundl.
Bild des Namens: In Grundl steckt der „Grund" (im Sinne von Untergrund bzw. Boden).
Verknüpfung: Mit seinem „Rollstuhl" fährt er gerne über ebenen, glatten „Grund".
Bitte wieder deutlich im Geiste sehen.

Auffälligkeit: Der Dreitagebart.
Name: Rankel.
Bild des Namens: „Ran an die Kelle" (Maurerkelle, damit wird z. B eine Wand verputzt und glatt gerieben).
Verknüpfung: Er geht „ran" an die „Kel"le und putzt seinen Dreitagebart damit glatt.
Und wieder Kopfkino einschalten.

Auffälligkeit: Das „Handy" am Ohr.
Name: Fischer.
Bild des Namens: Der „Fischer".
Verknüpfung: Sie hat eine neuartige „Handy"angel „am Ohr". Damit lässt sich prima „fischen".
Unbedingt wieder im Geiste vorstellen.

Auffälligkeit: Sehr kurze Haare.
Name: Kreuter.
Bild des Namens: „Kräuter".
Verknüpfung: Seine Haare sind ein „Kräuter"garten. Und den hat er gerade geplündert, also sind alle Haare (Kräuter) kurz geschoren.
Verknüpfung mental sehen.

Auffälligkeit: Der Scheitel.
Name: Schuster.
Bild des Namens: Der „Schuster", Schuster bleib bei deinen Leisten.
Verknüpfung: Sie hat vom „Schuster" einen Leisten direkt auf die Stirn geklebt bekommen. Nachdem sie ihn weggerissen hatte, waren auch die Haare weg und sie hatte eben diesen „Scheitel".
Ich weiß, die Story ist sehr unglaubwürdig. Aber auch wenn es blöd ist: unbedingt wieder im Geiste vorstellen. Sie wissen doch: je bescheuerter, desto „merkwürdiger".

Auffälligkeit: Die Hälfte seines Gesichtes ist im Schatten.
Name: Hagmaier.
Bild des Namens: Vorne klingt „hacken" durch und hinten „Eier".
Verknüpfung: Er verzieht sich gerne in den „dunklen Schatten" und „hackt Eier".
Augen zu, Kopfkino an.

Auffälligkeit: Das „Einstecktuch".
Name: Buhr.
Bild des Namens: Buhr bedeutet „Bauer". Klingt ähnlich wie „Bua"(ein bayerischer Junge) oder „B-Uhr", also eine Uhr in Form eines großen Bs.
Verknüpfung: Mit dem „Einstecktuch" poliert er seinen „Bauern"-Pflug oder wischt einem „Bua" den Mund (oder den Hintern) ab, oder es ist gar kein „Einstecktuch", sondern eine „B-Uhr".
Sehen Sie die Verknüpfung wieder deutlich im Kopfkino.

Auffälligkeit: Die elegante, eng anliegende Halskette.
Name: Gierke.
Bild des Namens: Klingt wie „Gurke", nur mit „ie". Oder: Die „Gier", und „ke" steht für „Keller".
Verknüpfung: Vor lauter „Gier" hat sie den ganzen „Ke"ller voller herrlicher „Ketten".
Auch dieses Verknüpfungsbild im Geiste erleben.

Auffälligkeit: Die große, schwarze Brille.
Name: Geisselhart.
Bild des Namens: Ich „geissel" mich „hart" (Domina lässt grüßen).
Verknüpfung: Zum Schutz für meine Augen setze ich die „große, schwarze Brille" auf, bevor ich mich „geissel" ganz „hart".
Auch wenn Sie das nun wirklich nicht sehen wollen, es dient Ihrem Training, Ihrem Erfolg. Also die Szene bitte vor dem inneren Auge sehen.

Dies waren alles per Zufall ausgewählte Personen mit deren echten Namen. In der Realität müssen wir uns viel mehr „normale" Namen merken als wirklich schwierige. Die allermeisten Namen lassen sich, etwas Übung vorausgesetzt, leicht und schnell verbildern. Da ich aber aus Erfahrung weiß, dass sich damit nur wenige zufriedengeben, üben wir im Folgenden noch ein paar anscheinend schwierig zu merkende bzw. zu verbildernde Namen.

2.3 Schwierige Namen und Daten zu Personen speichern

Nehmen wir also noch ein paar wirklich ausgefallene Namen. Auch für diese finden Sie mit etwas Training schnell ein paar passende Bilder. Sollten Sie nur Teile des Namens verbildern können, so wäre dies besser als nichts. Die Erinnerung fällt Ihnen auch dann leichter, wenn es sich nur um Teilbilder, ähnliche oder abgewandelte Bilder handelt. Lassen Sie sich durch die nun folgenden Beispiele inspirieren.

Rostalski: Mit einem *Ross* fährt er ins *Tal* auf *Ski.*

Ahmadniha: A Matt nie ha. Gut, wer Bayerisch kann. „Eine Matte wollte ich nie haben" auf Bayerisch: *a matt* (wollt i) *nie ha.*

Nusjakov: *Nuß-Jack*e-*Koff*er (oder Kopf)

Predmerski: Mit einem *Brett* fährt er auf dem *Meer Ski*

Polnijak: *Poli*ere *nie Jack*e

Somuncu: *Sommer und Schuh*

Stefidarei: *Ste*ck *F*inger *da rei*n

Brikea: *Bri*kett von *Ikea*

Podolski: Auf dem *Po* fährt er *toll Ski.*

Rostumanczik: *Rost um* den *Mann* ist *schick.*

Wichtige Infos zu Personen behalten

Das nötige Know-how hierfür besitzen Sie bereits: das Bilderdenken. Packen Sie einfach an den verbilderten Namen bzw. an die Auffälligkeit der Person ein zusätzliches Bild, nämlich das der zu behaltenden Daten zur betreffenden Person.

Möchten Sie sich beispielsweise merken, dass Podolski ein Fußballer ist, so hängen Sie diese Information als Bild an das Namensbild. Podolski fährt also auf dem Po toll Ski, und zwar auf direktem Weg ins Fußballstadion. Dabei ist das erste Bild (fährt auf dem Po toll Ski) immer der verbilderte Name! Solange Sie sich daran halten, wissen Sie, dass Podolski kein Skifahrer ist. Denn das mit den Skiern ist ja das erste Bild. Das zweite ist das mit dem Fußball, und das passt auch. Üben Sie dies im Alltag und Sie werden schon schnell große Fortschritte machen.

Kleiden Sie die zu merkenden Namen in Bilder. Hängen Sie diese dann an die Person. Sehen Sie das Ganze deutlich vor Ihrem geistigen Auge. Dann wird aus Herrn Runkel eine Runkelrübe und Frau Kretschmer macht eine Grätsche am Meer. Wenn Sie diese verbilderten Namen nun noch mit dem auffälligen Merkmal der Person verknüpfen, haben Sie den Namen sicher abgespeichert und jederzeit verlässlich abrufbereit.

Die zu merkenden Zusatzinformationen hängen Sie einfach als zusätzliches Bild oder Filmchen an den verbilderten Namen.

3. Vokabeln, Fachtermini und Fremdwörter easy behalten

Wie speichere ich dauerhaft ca. 50 Vokabeln einer neuen Sprache in nur einer Stunde?
Seite 39

Wie merke ich mir die wichtigsten Fachbegriffe schnell und sicher?
Seite 45

Wie behalte ich komplexe Fachinformationen oder sogar ganze Fachtexte?
Seite 47

Mehrere Sprachen zu beherrschen wird in der heutigen globalisierten Welt immer erfolgsentscheidender. Schade nur, dass die meisten Menschen von sich denken, kein Talent fürs Vokabellernen zu haben. Dabei haben doch alle zumindest ihre Muttersprache erfolgreich gelernt. Daraus folgt, dass in jedem von uns ein Sprachentalent schlummert. Leider hat keiner von uns in der Schule gelernt, wie das mit dem Vokabellernen wirklich funktioniert. Aber kein Problem: Mit der folgenden Technik können Sie es spielend nachholen.

3.1 Vokabeln lernen wie ein Profi

Die nun folgende Technik wird Ihnen wahrscheinlich erst einmal komisch, schwierig und vor allem auch zeitintensiv vorkommen. Aber das kennen Sie ja bereits vom Namenmerken. Es braucht ein bisschen Übung, vor allem wenn Sie sich auf komplett neuem Terrain bewegen.

Wollen Sie ca. 50 neue Vokabeln in nur einer Stunde beherrschen? Dann sollten Sie die gleich folgenden Tipps befolgen. Talentierte Gedächtnissportler mit reichlich Übung, wie z. B. Joachim Thaler, brauchen dafür übrigens nur 5 (!) Minuten, das ist österreichischer Rekord.

Vokabeln verbildern
Der Unterschied zwischen dem Merken von Namen und dem von Vokabeln besteht lediglich in der Zuordnung. Namen werden den entsprechenden Personen

zugeordnet, also mit deren Auffälligkeiten verknüpft – Vokabeln werden mit den Bildern ihrer Bedeutung, Übersetzung, verknüpft. Also gehen Sie folgendermaßen vor:

- Vokabel nach dem Klangbild verbildern (sollten Sie kein Bild finden, nehmen Sie die nächste Vokabel).
- Übersetzung verbildern.
- Beide Bilder miteinander verknüpfen.
- Die Verknüpfungsgeschichte so real wie möglich im Geiste sehen und Gefühle zulassen.

Nehmen wir mal an, Sie müssten die lateinische Vokabel „fuscus" lernen. Dann verbildern Sie als Erstes die Vokabel: *fuscus* klingt wie *Fußkuß*. Jetzt erst (!) schauen Sie sich die Übersetzung davon an: *fuscus* bedeutet *dunkel*. Nun verbildern Sie die Bedeutung: Sehen Sie also *dunkel* vor Ihrem geistigen Auge. Und nun brauchen Sie lediglich die beiden Bilder zu verknüpfen: Während Sie einer Person Ihrer Wahl einen *Fußkuß* geben, wird Ihnen *dunkel* vor Augen. Nun stellen Sie sich diese kleine Szene so deutlich in Ihrem Kopfkino vor, als wäre sie echt, lassen Sie ruhig die dabei aufkommenden Gefühle zu. Voilà, schon haben Sie die neue Vokabel sicher und langfristig gespeichert. Wichtig hierbei ist, dass Sie die Bedeutung der zu lernenden Vokabel erst ansehen, wenn Sie diese bereits verbildert haben. Würden Sie die Übersetzung schon vor dem Verbildern der Vokabel kennen, würde Ihr Gehirn nur noch Vokabelbilder zulassen, die zur Bedeutung passen. Ihre Kreativität wäre dadurch also sehr eingeschränkt. Solange Sie die Bedeutung nicht kennen, ist Ihr Gehirn für alles offen und Sie haben mehr Möglichkeiten, die zu lernende Vokabel zu verbildern. Außerdem wäre es oft nicht sinnvoll, ein passendes Bild zu kreieren. Ein unpassendes ist viel absurder und damit auch „merk-würdiger".

Machen Sie sich frei vom alten Schullernen

In der Schule mussten Sie beispielsweise genau 20 Vokabeln bis zum nächsten Test können. Es war egal, ob Sie 50 andere wussten, wenn Sie nicht die 20 geforderten konnten, gab es schlechte Noten. Wir machen dies anders: Nehmen Sie immer deutlich mehr Vokabeln, als Sie lernen wollen, heran. Wollen Sie 50 lernen, nehmen Sie sich mindestens 150, besser 200 vor. Aus diesen 200 Vokabeln finden Sie mit großer Wahrscheinlichkeit 50 Vokabeln, zu denen Ihnen zügig ein mehr oder weniger passendes Bild einfällt. Zu den anderen 150 fällt Ihnen (heute!) kein Bild ein. Gelernt haben Sie dann genau Ihre 50. Und nun passieren komische Dinge: Auf einmal, wenn Sie gar nicht daran denken, fällt Ihnen zu irgendeiner der 150 nicht verbilderten Vokabeln ein Bild ein. Ihr Unterbewusstsein sucht nämlich immer mal wieder heimlich, still und leise nach Bildern für die 150 Vokabeln, zu denen Ihnen beim Lernen kein Bild einfallen wollte. Und so lernen Sie weiter, obwohl Sie etwas ganz anderes machen. Beim nächsten Lernen können Sie die alten, nicht verbilderten 150 plus 50 neue Vokabeln dazunehmen. Doch es wird wahrscheinlich auch Vokabeln geben, zu denen fällt Ihnen einfach gar kein Bild ein. Ihre letzte Chance: Sie fragen Freunde. Allerletzte Chance: Sie lernen ein Synonym dafür. Und die wirklich komplett letzte Chance: Sie lernen eben diese Vokabel ausnahmsweise wie bisher: über Wiederholungen, wenn das funktioniert.

Genug der theoretischen Vorrede. Machen wir doch gleich einige Beispiele. Das jeweilige Klangbild, also wie die Vokabel ausgesprochen wird, steht jeweils in der eckigen Klammer.

Beispiele

l'amas [lama] (frz.) – die Menge

- Vokabel verbildern: Lama (das Tier).
- Übersetzung verbildern: Menschenmenge.
- Verknüpfen: Ein *Lama* rennt in die *Menge* und spuckt alle an.
- Vor dem inneren Auge sehen und Gefühle mit rein.

bile [bail] (engl.) – Galle

- Vokabel verbildern: Beil (Axt).
- Übersetzung verbildern: „Galle", also Gallensäure bzw. -flüssigkeit, jemand „spuckt Galle".
- Verknüpfen: Wenn einer mit einem *Beil* auf mich zurennt, spucke ich *Galle.*
- Kopfkino an und Emotionen dazu.

apprentice [apprenntiss] (engl.) – Auszubildende(r)

- Vokabel verbildern: Hört sich an wie „abgebrannt ist es" auf Bayerisch: abbrennt is'.
- Übersetzung verbildern: Ein Azubi.
- Verknüpfen: Ein bayerischer *Auszubildender* eines Sägewerkes, starker Raucher, lässt seine Kippe in einen Haufen Sägespäne fallen. Es beginnt zu brennen. Der

Azubi flüchtet nach draußen und sagt nur noch: Jo, so ein Schmarrn, *abbrennt is'*.
- Wieder im Geiste sehen.

querer [kerreer] (span.) – mögen, gernhaben
- Vokabel verbildern: Hört sich an wie „Kehrer", also Straßenkehrer zum Beispiel.
- Übersetzung verbildern: Jemanden, den Sie mögen, in den Arm nehmen.
- Verknüpfen: Alle *mögen* den Straßen*kehrer* und umarmen ihn deshalb.
- Verknüpfungsgeschichte wieder so real wie möglich im Geiste sehen und Gefühle zulassen.

barato [barratto] (span.) – billig
- Vokabel verbildern: Klingt wie „Bar" (Kneipe) und „Ratte".
- Übersetzung verbildern: Schild mit Rotstiftpreis.
- Verknüpfen: Jedes Getränk in der *Bar* ist *„billig"* und wird auf Schildern mit Rotstiftpreisen angepriesen als Entschädigung, weil dort eine *Ratte* über den Tresen läuft.
- Verknüpfung so echt wie möglich im Kopf sehen, Gefühle zulassen.

nascere [nasschere] (ital.) – geboren werden
- Vokabel verbildern: nass und Schere.
- Übersetzung verbildern: Ein Kind wird geboren.
- Verknüpfen: Das Kind will nicht von selbst heraus, dann nehmen wir die *nasse* (Geburts-)*Schere*.
- Bitte auch diese Szene vorstellen und Gefühle zulassen.

chiamarsi [kiamarsi] (ital.) – heißen

- Vokabel verbildern: *Chianti* [Kianti], der Wein, und *Mars*, der Riegel.
- Übersetzung verbildern: Jemand zeigt bedeutungsvoll auf sich selbst und ruft: Ich tue Oliver heißen (manchmal ist schlechtes Deutsch nötig).
- Verknüpfen: Wer zu viel *Chia*nti getrunken und *Mars* gegessen hat – schmeckt übrigens *iih,* weiß nicht mehr, wie er *heißen* tut.
- Und noch mal: Kopf-Projektor anwerfen und Feelings dazupacken.

Und? Läuft, oder? Durch häufige Anwendung werden Sie Routine in dieser Art des Vokabellernens bekommen.

Kreativität ist das Wichtigste

Ihre Kreativität ist bei der Geisselhart-Technik der einzig limitierende Faktor. Dies geht aber auch den Gedächtnischampions so. Um Ihre Kreativität zu trainieren, können Sie von Kindern lernen. Kinder sind den meisten Erwachsenen kreativitätstechnisch haushoch überlegen. Lassen Sie alles zu, alles ist möglich, es gibt keine Grenzen, und ganz wichtig: keine Zensur. Um Ihre Kreativität enorm zu steigern, machen Sie bitte das Kreativitätsspiel auf S. 66ff. Ihre Gedanken sollten frei sein dürfen. Legen Sie also die Fesseln von Erziehung, Schule und Gesellschaft ab. Sie werden sehen, dass es relativ fix geht, auf wirklich komische Ideen zu kommen. Auf einmal hören Sie Bilder aus Worten, die Sie früher nicht einmal aussprechen konnten. Aber Sie müssen die Technik anwenden. Also, welche Sprache wollen Sie in den nächsten drei Monaten lernen?

Hören Sie sich das Klangbild der zu lernenden Vokabel an. Wie klingt es, an was erinnert Sie das? Was hört sich ähnlich an? Dann machen Sie ein Bild daraus. Verknüpfen Sie es nun mit dem Bild der Übersetzung. Eine so gelernte Vokabel ist gedächtnisgerecht abgespeichert und bleibt langfristig haften. Wichtig: Lassen Sie Ihrer Kreativität freien Lauf, es gibt keine Zensur.

3.2 Fachbegriffe lernen: kinderleicht

Kinderleicht. Warum? Weil Sie Fachtermini exakt so abspeichern, wie Sie es mit Vokabeln gemacht haben. Ein Fachbegriff ist ja auch eine Vokabel. Ein fremdes Wort, zu dem wir die Bedeutung, also Übersetzung, lernen müssen. Sie gehen in der bekannten Reihenfolge vor:

- Fachbegriff verbildern. Sollten Sie kein Bild finden, nehmen Sie den nächsten Fachbegriff.
- Bedeutung verbildern.
- Beide Bilder miteinander verknüpfen.
- Die Verknüpfungsgeschichte so real wie möglich im Geiste sehen und Gefühle zulassen.

Machen wir wieder ein paar Beispiele. Damit wird es sofort klar.

Beispiele

konvex – nach außen gewölbt

- Fachbegriff verbildern: Klingt ähnlich wie „Podex" (Hintern).

- Bedeutung verbildern: Bild kann direkt der „Podex" sein. Der ist ja auch nach außen gewölbt.
- Verknüpfen: Wir fahren mit der Hand über den *nach außen gewölbten Podex.*
- Bitte wieder vorstellen und Gefühle dazulassen.

Nimbus – Ansehen

- Fachbegriff verbildern: „Nimm" den „Bus".
- Bedeutung verbildern: „Roter Teppich".
- Verknüpfen: *Nimm* den *Bus,* dann steigt dein *Ansehen* und dir wird der *rote Teppich* ausgerollt.
- Und bitte wieder Kopfkino anknipsen.

Akinesie – Unbeweglichkeit

- Fachbegriff verbildern: „Eine Chinesin".
- Bedeutung verbildern: „Steif wie ein Brett", jemand, der sich nicht bewegen kann.
- Verknüpfen: *Eine Chinesin,* die absolut *unbeweglich,* also *steif wie ein Brett* ist.
- Stellen Sie sich das mal vor.

Akkumulation – Anhäufung

- Fachbegriff verbildern: „Akkumulator", also ein Akku, eine wiederaufladbare Batterie.
- Bedeutung verbildern: Ein „großer Haufen".
- Verknüpfen: Ein *großer Haufen Akkumulatoren.*
- Bitte wieder vorstellen.

Heliosis – Überhitzung (techn.), Sonnenstich (med.)

- Fachbegriff verbildern: „Heli" (Helikopter) und „Ossis" (es gibt auch Südis, Nordis und Wessis).
- Bedeutung verbildern: Etwas „Dampfendes, Glühendes".

- Verknüpfen: Ein glühend dampfender Heli voller Ossis.
- Und ein letztes Mal im Geiste sehen.

In Zukunft merken Sie sich die wichtigen Fachbegriffe leicht, lustig und auch noch langfristig.

Fachtermini lernen Sie wie Vokabeln: Wort verbildern, entsprechende Bedeutung verbildern. Dann die beiden Bilder auf skurrile Art miteinander verknüpfen.

3.3 Fachinformationen sicher behalten

Fachinformationen sind für Sie jetzt kein Problem mehr. Sind diese doch nichts anderes als Fachbegriffe, nur eben viele. Sie können ganze Fachtexte, Ergebnisse aus Meetings oder Vortragsinhalte sicher behalten, indem Sie die wichtigen Stichpunkte hervorheben und mit den Zahlensymbolen verknüpfen. Also das erste wichtige Stichwort, den ersten wichtigen Fachbegriff, die erste wichtige Fachinfo verknüpfen Sie mit der Kerze, die zweite Fachinfo mit dem Schwan, die dritte mit dem Dreizack usw. Mit Kerze, Schwan und Dreizack sind Sie hier unschlagbar.

Meetingresultate mitspeichern

In den nächsten Besprechungen können Sie während der Besprechung die wichtigsten Punkte sofort im Geiste mitspeichern. Dies bedeutet eine große Zeitersparnis, da langwieriges Protokollieren und Protokolldurcharbeiten entfällt. Es spielt keine Rolle, ob es drei, acht, 14 oder 20 wichtige Punkte sind. Sie haben ja die

Zahlensymbole. Als Beispiel sollen nur drei Punkte hier erstmal reichen.

Folgende drei Punkte wurden im Meeting beschlossen:

1. Ihre Abteilung will in Zukunft neue erfolgreiche Projekte anschieben.
2. Kommende Besprechungen sollen reduziert und effektiver gestaltet werden.
3. Sie wollen in der kommenden Periode noch mehr in die Ausbildungsförderung investieren.

Und so gehen Sie vor, um sich diese Punkte zu merken:

1. Erfolgreiche Projekte: Stellen Sie sich vor, wie jedes *erfolgreich* abgeschlossene *Projekt* in einer Zeremonie geehrt wird. In dieser Ehrung schreiten Sie würdevoll und feierlich mit einer großen, reich verzierten *Kerze* vor sich zum Projektleiter und überreichen ihm diese *Kerze* als Anerkennung. Auch die *Projektmitarbeiter* bekommen eine *Kerze* überreicht.

2. Besprechungen reduzieren, effektiver gestalten: Sehen Sie vor Ihrem inneren Auge, was passiert, wenn viele *Schwäne* zusammentreffen. Es gibt ein heilloses Geschnatter, und alles rennt ziellos hin und her. So können *Meetings* nicht weiterlaufen. Sehen Sie, wie Sie eingreifen, *die Schwanenbesprechungen strukturieren und organisieren* oder gegebenenfalls *reduzieren, also auflösen.*

3. Ausbildungsförderung erhöhen: Die *Ausbildung* bzw. die Auszubildenden müssen *gefördert* werden. Sie greifen in Ihrer Fantasie zum *Dreizack,* bringen die Azubis auf Zack und überreichen ihnen auf dem *Dreizack* aufgespießt ein paar *Geldbündel.*

Die so mitgespeicherten Inhalte bleiben zuverlässig im Gedächtnis. Testen Sie es doch jetzt sofort einmal selbst. Was fällt Ihnen ein, wenn Sie an die Kerze denken? Und beim Schwan? Nun noch beim Dreizack? Und, wussten Sie die Inhalte noch stichpunktartig? Mit ein bisschen Übung sind Sie in der Lage, dies wirklich schon in der Besprechung, im Gespräch oder während des Vortrages zu verbildern und zu verknüpfen. Geben Sie sich etwas Zeit zum Üben und damit die Chance auf einen noch effektiveren Berufsalltag.

Die Geisselhart-Technik funktioniert auch beim Merken von

- ***Vokabeln,***
- ***Fachtermini,***
- ***zusammenhängenden Fachinformationen.***

Die zu merkenden Wörter bzw. Informationen haften in Bilder gekleidet und mit Zahlensymbolen verknüpft gut im Gedächtnis.

4. Vorträge und Präsentationen frei halten

Wie merke ich mir zuverlässig sämtliche Stichpunkte meiner Rede und kann locker auch auf Zwischenfragen eingehen?
Seite 51

Wie speichere ich wichtige Argumente für Gespräche und Verhandlungen?
Seite 55

Wie behalte ich die wichtigsten Gesprächsdetails meines Gegenübers?
Seite 59

Frei gehaltene Vorträge, in welchen der Redner immer wieder den roten Faden aufnimmt, wenn er unterbrochen wurde, beeindrucken die Zuhörer. Ein solcher Vortrag ist überzeugend und authentisch. Nur: Die wenigsten Redner sind in der Lage dazu. Mit Kerze, Schwan und Dreizack ist es einfach, sich das, was auf den Karteikärtchen steht, im Kopf zu merken. Und das sogar so, dass Sie selektiv auf die einzelnen Punkte zugreifen können. Sie können dann ganz gelassen auf Zwischenfragen reagieren, Punkte vorziehen oder zurückstellen, und Sie werden sicher immer wieder an der rechten Stelle einsetzen.

4.1 Die Power der Memo-Rhetorik

Stellen Sie sich vor, Sie sind für die Fortbildung in Ihrer Firma verantwortlich. Nun haben Sie festgestellt, dass immer weniger Mitarbeiter an den von Ihrem Unternehmen angebotenen Seminaren teilnehmen. Das missfällt Ihnen natürlich. Deshalb bereiten Sie eine Rede vor, die offenlegt, warum Weiterbildung so wichtig ist. Damit Ihre Präsentation überzeugend ankommt, wollen Sie Ihren Vortrag frei halten. Alle Argumente, die für Aus- und Fortbildung sprechen, möchten Sie sicher im Kopf haben. Deshalb verknüpfen Sie die einzelnen Argumente sofort mit der Geisselhart-Technik. Folgende Punkte haben Sie erarbeitet:

Rede: Wichtigkeit der Weiterbildung

Weiterbildung ist wichtig und für den Erfolg jedes Mitarbeiters und des Unternehmens unerlässlich, weil …

1. ... man geistig fit bleibt.
2. ... Wirtschaft und Technik sich ständig verändern.
3. ... man geistig wächst.
4. ... Lernen wie Rudern gegen den Strom ist: Wer aufhört, treibt zurück!
5. ... sie den Arbeitsplatz sichert.
6. ... sie beruflich wie privat Ansehen bringt.
7. ... sie die Arbeitsqualität erhöht.
8. ... sie die eigene Zufriedenheit erhöht.
9. ... die Erfolgserlebnisse Spaß bringen und motivieren.
10. ... Wissen Macht ist!

Lassen Sie sich ruhig einmal selbst „merk-würdige" Verknüpfungsstorys zu den einzelnen Punkten einfallen. Als Bilder für die abstrakten Begriffe nehmen Sie die, die Ihnen als Erstes dazu in den Sinn kommen. Bei 5. nehmen Sie für „sichert" vielleicht einen „Sicherheitsgurt" als Bild. Bei 10. fällt Ihnen zu „Macht" eventuell sogleich „Barack Obama" als mächtigster Mann der Welt ein. Geben Sie sich nicht gleich geschlagen, wenn Ihnen nicht sofort ein passendes Bild einfällt. Spielen Sie ruhig ein wenig geistig herum. Sollten Sie selbst gar keine Idee haben, nehmen Sie einfach meine folgenden Beispiel-Verknüpfungen. Allerdings haften eigene Verknüpfungen besser als vorgegebene, außerdem: Wenn Sie sie selbst kreieren, trainieren Sie damit ja auch schon. Und Übung macht den Meister.

Verknüpfungsvorschläge:

1. ... weil man geistig fit bleibt.

Stellen Sie sich vor, wie Sie sich auf eine *Kerzen*flamme konzentrieren, um Ihren *Geist* fit zu halten. Oder Sie stellen sich eine große *Kerze* auf den Kopf: Ihnen ist ein Licht aufgegangen, weil Sie *geistig fit* sind. Augen schließen und Bild deutlich vorstellen.

2. ... weil Wirtschaft und Technik sich ständig verändern.
Es soll jetzt sogar schon *Schwäne* aus dem Reagenzglas zu kaufen (*Wirtschaft*) geben. Diese verändern sich ständig, wechseln die Farbe, Größe usw. Und elektrische Schwäne (*Technik*), die täuschend echt aussehen und sich per Fernsteuerung verändern können.

3. ... weil man geistig wächst.
Mit dem *Dreizack* graben Sie symbolisch Ihren *Geistes*-Acker um. Dann kann dort jede Menge *wachsen*. Vielleicht vergraben Sie auch mit dem *Dreizack* ein Gehirn (bitte auch wieder nur symbolisch) und stellen sich nun deutlich vor, wie an der Stelle dann ein *„Gehirn-Baum" wächst*.

4. ... weil Lernen wie Rudern gegen den Strom ist: Wer aufhört, treibt zurück!
Sie schwimmen in einem *vierblättrigen Kleeblatt* (oder einem Kanu aus Kleeblättern) auf einem Fluss und rudern, was Sie können. Sie kommen gut voran und machen deshalb mal ein Päuschen. Doch siehe da: Als Sie *aufhören, treiben Sie sofort zurück* und rudern deshalb kräftig weiter.

5. ... weil sie den Arbeitsplatz sichert.
In Gedanken sehen Sie Ihre Kollegen. Diese halten sich mit aller Kraft mit ihren Händen an ihrem Arbeitsgerät fest (Schreibtisch, Auto, Telefon, Schaufel ...), um ihren *Arbeits*-

platz zu sichern. Sie haben dies nicht nötig, Sie *lernen* ja. Und zwar *lebenslang.*

6. … weil sie beruflich wie privat Ansehen bringt.
Sehen Sie sich auf einem eigens für Sie angeschafften Firmen-*Elefanten* reiten. Alle Kollegen, Chefs bzw. Mitarbeiter (beruflich) und auch Ihre Frau und Ihre Nachbarn (privat) bejubeln Sie. Sie genießen dieses *Ansehen.* Hier können Sie sehr schön zum Filmchen auch die entsprechenden Gefühle aufkommen lassen. Also los.

7. … weil sie die Arbeitsqualität erhöht.
Für jedes gute Ergebnis gibt's ein *Fähnchen* als Symbol für eine top *Arbeitsqualität.* Auf jedem Aktenstapel, wenn Sie im Büro arbeiten, auf jedem Kuchen, wenn Sie Konditor sind, auf jedem Kaufvertrag, wenn Sie Verkäufer sind.

8. … weil sie die eigene Zufriedenheit erhöht.
Sie sehen sich völlig *zufrieden* in der *Sanduhr* im Sand liegen. Sie sind aber auch so richtig zufrieden. Zumindest solange der Sand oben drin ist. Sie wissen ja: Je absurder das Bild, desto besser erinnern Sie sich daran.

9. … weil Erfolgserlebnisse Spaß bringen und motivieren.
Sie lernen immer besser und leichter, das freut Sie. Sie hüpfen, tanzen und lachen deshalb mit einer *Schlange* und haben so richtig *Spaß.* Dies *motiviert* Sie, weiterzumachen.

10. … weil Wissen Macht ist!
Nachdem Sie nun einige Zeit gelernt haben, verfügen Sie über ein großes *Wissen.* Dieses verschafft Ihnen so viel *Macht,* dass Sie nur noch mit *Barack Obama Golf* spielen.

Wenn Sie nun an die einzelnen Zahlensymbole denken, müssten Sie sämtliche Argumente wieder parat haben.

Die Stichpunkte Ihrer Rede, Ihres Vortrags, Ihrer Präsentation werden wie gewohnt verbildert und mit den entsprechenden Zahlensymbolen verknüpft. So haben Sie, wenn Sie Kerze, Schwan und Dreizack mental durchgehen, zu jedem Symbol das entsprechende Argument parat.

4.2 So werden Sie zum Verhandlungskünstler

Mittlerweile sind Sie bestimmt schon ein wenig Fan der Geisselhart-Technik – hoffe ich zumindest. Nun wollen Sie auch Ihren Gesprächspartner davon überzeugen, diese Technik zu erlernen und künftig anzuwenden. Sie haben sich deshalb für das Verhandlungsgespräch einige wichtige Argumente überlegt.

Verhandlungsargumente pro Geisselhart-Technik

1. Sie sparen massig Zeit: Wenn Sie bisher zwei oder mehr Stunden gepaukt, auswendig gelernt und geübt haben, werden Sie dies in Zukunft in ca. zehn bis 20 Minuten erledigt haben.

2. Ihr Selbstbewusstsein in Bezug auf Ihr Gedächtnis wird enorm gesteigert. Sie wissen, was Sie können, und beweisen sich dies auch jedes Mal.

3. Sie können spontan und flexibel reagieren: Sie können auf einzelne Punkte Ihrer gemerkten Informa-

tionen selektiv zugreifen. Durch die Zahlensymbole können Sie auf Wunsch Infos vorziehen oder zurückstellen.

4. Sie steigern Ihre Kreativität enorm: Ihr Denken in Bildern und die skurrilen Verknüpfungen entwickeln Ihre rechte Gehirnhälfte. Dort sind das Bilderdenken und die Kreativität beheimatet.

5. Sie haben den roten Faden ständig in der Hand: Durch die Zahlensymbole haben Sie in Gesprächen, Vorträgen oder Präsentationen alle Stichpunkte so parat, dass Sie Ihr Konzept bei Bedarf während der Rede umstellen und wenn nötig auch wieder zum ursprünglichen Konzept zurückkehren können.

6. Sie erlangen Souveränität und Sicherheit: Da Sie ständig alle Stichpunkte, Argumente, Details, Daten, Fakten und Namen, welche Sie benötigen, abrufbereit gespeichert haben, geht keine Energie durch stressiges Suchen oder Überlegen verloren. Verlegenheitssprüche gehören der Vergangenheit an.

7. Sie wirken extrem überzeugend: Überzeugend sind Sie, wenn Sie souverän, sicher, spontan und flexibel sind.

8. Sie wirken begeistert und mitreißend: Im Gegensatz zur herkömmlichen Kommunikation können Ihre Partner mit dem Inhalt Ihrer bilderreichen Sprache tatsächlich etwas anfangen. Sie erzeugen in ihren Köpfen entsprechende Bilder. Diese haben eine große Wirkung auf das Unterbewusstsein.

9. Ihre Mitmenschen verstehen und merken sich Ihr Gesagtes besser: Ihre Sprache ist bilderreich und leicht verständlich. Bilder merkt sich das menschliche Gehirn erwiesenermaßen besser als nur Worte.

10. Lernen macht wieder Spaß: Das Abspeichern mit der Geisselhart-Technik macht durch die Bilder, die Sie dazu verwenden, ungeheuer Spaß. Ihr Gehirn wird sich freuen und als Dank jede Menge Glückshormone ausschütten.

Verbildern Sie nun bitte wieder die einzelnen Argumente und stichpunktartig die ausführliche Beschreibung. Dies funktioniert am besten mit kleinen Bildergeschichten bzw. Filmchen. Da Sie dies nun bestimmt alleine schaffen, finden Sie meine Tipps hier nur für die ersten fünf Argumente als Anregung.

Verknüpfungsvorschläge:

1. Sie sparen massig Zeit: Sie leuchten mit einer *Kerze* im Dunkeln eine *Uhr* an. Das *Wachs* tropft dabei auf die *Uhr* und läuft daran herunter.

2. Ihr Selbstbewusstsein wird automatisch gesteigert: Selbstbewusst wie ein weißer *Schwan* schreiten Sie dahin. Zusätzlich haben Sie einen *Schwan* auf Ihrer rechten Schulter sitzen. Dies macht Sie nochmals *selbstbewusster.*

3. Sie können spontan und flexibel reagieren: Mit dem *Dreizack* spießen Sie die einzelnen Infos auf (evtl. in Form von Kalendern, Notizblöcken und Post-its). Nun können Sie von jedem Zacken herunternehmen, was Sie wollen.

Spontan mal die einen, mal die anderen Infos. Die Zacken des *Dreizacks* sind zudem noch biegbar, also *flexibel.*

4. Sie steigern Ihre Kreativität enorm: Sie bemalen ein überdimensional großes *vierblättriges Kleeblatt* völlig wild und *kreativ*. Danach will es jede Galerie ausstellen.

5. Sie haben den roten Faden ständig in der Hand: Mit einem *roten Faden* umwickeln Sie jeden Finger Ihrer Hand. Sie können damit nun alles umstellen, festbinden oder wieder lösen und um jeden Finger wickeln.

Legen Sie sich die für Sie wichtigen Argumente parat. Sortieren Sie die Argumente nach Schlagkräftigkeit. Verbildern Sie jedes einzelne davon. Verknüpfen Sie dann wieder jedes einzelne Argumente-Bild mit dem entsprechenden Zahlensymbol.

4.3 Gesprächsdetails behalten mit der Blitzlicht-Technik

Oft höre ich von meinen Vortrags- und Seminarteilnehmern, dass sie die von mir vorgestellte Technik zwar gut finden und schwer beeindruckt sind von ihrer eigenen Gedächtnisleistung. Aber vielen geht es vor allem am Anfang entschieden zu langsam. Häufigstes Problem bei der praktischen Anwendung: Es dauert vielen zu lange, bis sie ein geeignetes Bild bzw. eine skurrile Verknüpfung erstellt haben. Hier kommt die Blitzlicht-Technik zum Einsatz.

Die Grundregeln der Blitzlicht-Technik

- Sämtliche Informationen im Kopfkino als Film erleben.
- In ausgewählte, behaltenswerte Punkte die Zahlensymbole gedanklich hineinwerfen.
- Der Aufprall des Symbols im Filmchen, in der Info, ist die Verknüpfung.

Sollten Sie nun einem Gespräch beiwohnen, bei welchem Ihr Gesprächspartner Sie ohne Punkt und Komma „zuballert“, sind Sie dank der Blitzlicht-Technik trotz des schnellen Tempos in der Lage, alle für Sie relevanten Gesprächsdetails sicher in Ihrem Gedächtnis zu verankern. So können Sie am Ende souverän zusammenfassen und noch einmal auf die Ihnen wichtigen Punkte zu sprechen kommen.

Sie brauchen also mit der Blitzlicht-Technik nicht mehr lange nach einer möglichst absurden Verknüpfungsstory zu suchen. Sie verlassen sich auf Ihr trainiertes Bildergedächtnis und sehen im Geiste lediglich den Zusammenprall des Symbols mit der verbilderten Info. Dies bedarf in der Praxis zwar auch des Trainings, aber wenn es dann klappt, sind Sie damit absolut vorne.

Gesprächsdetails behalten in der Praxis

Stellen Sie sich vor, Sie hätten ein neues Bürogebäude errichtet. Nun führen Sie ein Gespräch mit einem Herrn vom Bauamt: Er hat so einiges zu bemängeln. Sein Name ist Herr *Pressler*. Da der eigene Name jedes Menschen liebstes Wort ist und Sie sich gut mit ihm stellen wollen, möchten Sie sich seinen Namen selbstverständlich korrekt merken. Er hat eine sehr *ausgeprägte Kaumuskulatur*. Schon bei der Begrüßung haben Sie deshalb verbildert und verknüpft: Er *presst* alles mit seinen Zähnen beim *Kauen leer*. Alles, was ihm in den Weg kommt. Sie hoffen nur, dass er bei Ihnen gutmütig ist. Er kommt auch ohne lange Vorrede gleich zur Sache: Um folgende Punkte sollten Sie sich seiner Meinung nach noch dringend kümmern, wenn Sie Ihr Bürogebäude ordnungsgemäß abgenommen haben wollen. Stellen Sie sich die Gesprächsdetails sogleich als Filmchen vor. In der Klammer hinter den Punkten steht, wo Sie das Symbol hineinwerfen können.

1. Das Hofzufahrtstor muss für die Feuerwehr immer offen sein. (*Kerze* brennt auf *Hoftor.*)

2. Die Eingangstür muss auf Notfallfunktion umgerüstet werden. (Ein *Schwan* betätigt die *Notfallöffnung* der Eingangstür und flüchtet im Notfall.)

3. An die Treppe am Eingang muss ein Geländer angebracht werden. (Das *Geländer* besteht aus lauter *Dreizacken.*)

4. Für die Wand zum Nachbarn fehlt noch das Brandschutzgutachten sowie das Lärmschutzgutachten. (*Kleeblatt* an die *brennende Wand* werfen, es fällt dann auf einen *Gehörschutz.*)

5. Die schon vorhandenen Notausgangsschilder müssen noch montiert werden. (Die *Schilder* mit der *Hand* dranklopfen.)

6. Zwei Feuerlöscher müssen noch im Empfangsbereich aufgehängt werden. (Der *Elefant hängt* die *Feuerlöscher im Empfangsbereich auf.*)

So, fertig! War doch gar nicht so wild, oder? Testen Sie doch gleich wieder, ob Sie die sechs Details noch wissen. Gehen Sie im Geiste hierzu einfach Kerze, Schwan, Dreizack, Kleeblatt, Hand und Elefant durch. In der Praxis können Sie dies hervorragend mit Nachrichten im Radio üben. Aber Vorsicht: nicht während Sie Auto fahren, sondern nur zu Hause oder im Büro. Viel Erfolg und Spaß dabei.

Die Memo-Rhetorik ermöglicht es Ihnen, Vorträge, Präsentationen oder Verhandlungen souverän und ohne Spickzettel zu halten.
Für Geübte und Menschen, die es besonders eilig haben, eignet sich die Blitzlicht-Technik: Hier schleudern Sie in die für Sie wichtigen Infos gedanklich direkt die Zahlensymbole hinein und können auf lange Verknüpfungen verzichten.

5. Vom Gedächtnisbesitzer zum Gedächtnisbenutzer

Wie funktioniert mein Gehirn?
Seite 63

Wie gehe ich erfolgreich, also gedächtnisgerecht, mit meinem Denkorgan um?
Seite 71

Was muss ich tun, um geistig fit zu bleiben?
Seite 72

In diesem Kapitel schauen wir uns das Denkorgan noch etwas genauer an. Wenn wir seine Funktionsweise verstehen, können wir sensibler damit umgehen und unsere Denkfähigkeit optimieren.

5.1 Bilder: Die Sprache des Gedächtnisses

Unser Gehirn besteht aus zwei Hälften, die mit dem *Corpus callosum* miteinander verbunden sind. Durch den aus Nervenfasern bestehenden Balken werden Infos zwischen beiden Hirnhälften ausgetauscht. Er ist bei Frauen dicker als bei Männern. Deshalb ist der Datenaustausch bei Frauen effektiver, besser und auch schneller als bei den Männern. Männer denken extrem logisch, sind also sehr linkshirnlastig geprägt. Frauen nutzen die rechte Gehirnhälfte besser und häufiger als das männliche Geschlecht. Im Idealfall sollten beide Hälften in etwa gleich beansprucht werden. Es gilt also, die rechte, kreative, bilderreiche Seite wieder zum Leben zu erwecken.

Linke Seite: Verstand	Rechte Seite: Kreativität
Logisches Denken	Fantasie
Sprache	Bilder
Bewusstsein	Unterbewusstsein
Detailblick	Ganzheitsschau
Arbeitet Schritt für Schritt	Arbeitet simultan
Wird überfordert	Wird vernachlässigt

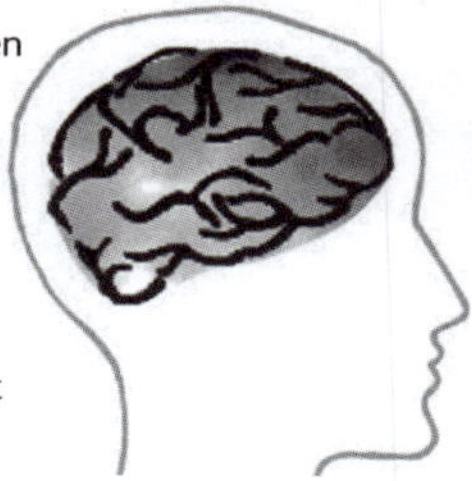

Abb: Stark vereinfachte, modellhafte Arbeitsverteilung im Gehirn

Warum merken wir uns manche Dinge und andere nicht?

Laut Prof. Henning Scheich will unser Gedächtnis verblüfft werden, unsere Gefühle müssen angesprochen werden. Dann schüttet die Hirnanhangsdrüse den Gehirnbotenstoff Dopamin aus. Eine unter Dopamineinfluss gespeicherte Info bleibt deutlich besser und sicherer gespeichert. Für die Dopaminausschüttung sind Gefühle notwendig. Diese lassen sich am einfachsten durch Bilder hervorrufen. Aus diesem Grund sind Bilder auch die Grundlage der Geisselhart-Technik und waren es schon vor Tausenden von Jahren bei der Mnemotechnik der alten Griechen.

Erinnern Sie sich doch bitte kurz an einen spannenden Roman, den Sie einmal gelesen haben: Ihr eigener Film in Ihrem Kopfkino war bestimmt besser als das verfilmte Buch später im richtigen Kino. Und Sie konnten diesen Roman leicht nacherzählen. Zumindest leichter als den Inhalt Ihres EDV-Handbuches (wenn Sie nicht gerade ein EDV-Spezialist sind).

Das Priming oder Ähnlichkeitsgedächtnis

Prof. Hans J. Markowitsch entdeckte, dass unser Gedächtnis mehrere Gedächtnissysteme innehat. Eines, das für uns interessanteste, nennt er Priming. Dies ist so eine Art „Ähnlichkeitsgedächtnis". Eine zu speichernde Information muss demnach als Bild oder Geschichte nicht zwingend absolut perfekt und genau zu 100 Prozent mit dem richtigen Inhalt bzw. Wortlaut abgespeichert werden. Es reicht, wenn die Verknüpfungsstory oder das -bild so ähnlich ist, um genau die gesuchte Info wieder zu erinnern.

Höchstwahrscheinlich kennen Sie dies bereits seit Langem: Ist es Ihnen nicht auch schon passiert, dass Sie sich an einen bestimmten Begriff oder Namen erinnern wollten, auf welchen Sie in diesem Moment aber partout nicht kamen? Sie fragten dann eine(n) Kollegen/Kollegin, Ihren Partner oder einen Bekannten danach. Diese bekamen den von Ihnen gesuchten Namen bzw. den Begriff aber nur so ähnlich hin. Oder sie wussten nur die erste Silbe. Und, wer hätte das gedacht, da fiel Ihnen durch diese kleine Unterstützung der gesuchte Name/Begriff doch tatsächlich perfekt wieder ein. Solche Begebenheiten kennt bestimmt jeder von uns. Sie wären ohne das Ähnlichkeitsgedächtnis nicht denkbar.

Kreativität: Der einzig begrenzende Faktor

Mit dem gleich folgenden Verknüpfungsspiel werden Sie Ihre Kreativität in ungeahnte Höhen schießen. Sie verbessern Ihre Visualisierungsfähigkeit damit übrigens auch enorm.

Sinn des Verknüpfungsspiels ist es, zwei Sachen bzw. Begriffe so miteinander zu verknüpfen, dass Sie in der Lage sind, den fehlenden Begriff zu ergänzen. Sie verknüpfen z. B. den Begriff „Treppengeländer“ mit dem Begriff „Lammkotelett“. Wenn diese Verknüpfung „merk-würdig“ ist, reicht Ihnen einer der beiden Begriffe, um auf den fehlenden zu kommen. Der eine hängt quasi am anderen. Sie könnten also z. B. ein saftiges „Lammkotelett“ zubereiten. Sehen Sie es dann bitte saftig, kross auf Ihrem Teller liegen. Als Sie sich ein gutes Stück davon abschneiden wollen, bemerken Sie allerdings, dass da noch etwas drin ist. Sie legen es frei, und siehe da: Ein „Treppengeländer“ kommt zum Vorschein. Wer hätte das gedacht? Da sind Sie jetzt aber auch froh, nicht draufgebissen zu haben. Bei dieser Verknüpfung reicht Ihnen einer der Begriffe voll und ganz, um auf den anderen zu kommen. Wenn Sie nun gefragt werden, was Ihnen zu „Lammkotelett“ einfällt, werden Sie sofort „Treppengeländer“ antworten. Umgekehrt: Bei „Treppengeländer“ müssen Sie an „Lammkotelett“ denken.

Kreativitätsspiel:
Büroutensilien und Städtewahrzeichen

Wir werden nun verschiedene Büroutensilien mit Städtewahrzeichen verknüpfen. Dies führt mit Sicherheit zu sehr „abgefahrenen“ Bildern. Beim Verknüpfungspärchen „Locher und Louvre“ stellen Sie sich eine lustige Szene vor, in welcher ein überdimensional großer „Locher“ Löcher in die Glaspyramide des „Louvre“ knipst. Es knackt jedes Mal sehr laut, wenn das ganze Glas und Metall zerspringt. Dies könnte Ihre Verknüpfung sein. Nun schließen Sie bitte die Augen und stellen sich diese Szene so deutlich wie möglich im Geiste vor. Wie würden Sie wohl reagieren, wenn dies real passieren würde? Sie würden diese Begebenheit sicherlich sehr lange behalten. Und jedes Mal, wenn Sie einen „Locher“ nur sehen würden, müssten Sie an den „Louvre“ denken. Umgekehrt müssten Sie beim Anblick des „Louvre“ automatisch an den „Locher“ denken. Auf diese Art und

Weise trainieren Sie Ihre Kreativität in ungeahnter Intensität. Sie werden schnell feststellen, dass für Sie kreative Verknüpfungen immer leichter werden. Verknüpfen Sie nun folgende Büroutensilien:

- PC-Maus und Burj Al Arab in Dubai
- Schirmständer und Kathedrale La Sagrada Familia in Barcelona
- Faxgerät und Golden Gate Bridge in San Francisco
- Rollcontainer und Opernhaus in Sydney
- Leseleuchte und Weißes Haus in Washington
- Telefon und Kölner Dom
- Bildschirm und Brandenburger Tor in Berlin
- Schreibtisch und Kolosseum in Rom
- Tacker und Freiheitsstatue in New York
- Tesafilm und Eiffelturm in Paris

Wenn Ihre Verknüpfungen skurril waren, fallen Ihnen gleich ziemlich sicher die meisten der fehlenden Gegenstücke wieder ein. Decken Sie nun obige Liste bitte ab und testen Sie sich doch gleich einmal.

- Schreibtisch und …
- Burj Al Arab in Dubai und …
- Faxgerät und …
- Tacker und …
- Brandenburger Tor in Berlin und …
- Rollcontainer und …
- Weißes Haus in Washington und …
- Kölner Dom und …
- Tesafilm und …
- Schirmständer und …

Nun wissen Sie, welche Verknüpfungsmodelle bzw. -geschichten bei Ihnen persönlich am besten klappen. Die Geschichten, an welche Sie sich schnell erinnern konnten, sind die richtigen. Die sollten Sie bevorzugen. Haben Sie festgestellt, dass die lustigen, bewegten Filmchen bei Ihnen am besten haften, so kreieren Sie in Zukunft lustige Filmchen. Wenn brutale Standbilder nicht oder nur schwierig erinnert wurden, meiden Sie diese bei zukünftigen Verknüpfungen. Statt unbewegten Bildern sehen Sie kleine Filme im Geiste, statt brutalen Geschichten lustige.

Sollten Sie große Schwierigkeiten gehabt haben, was im Moment noch nicht verwunderlich ist (Sie fangen ja gerade erst an), schauen Sie sich meine folgenden Beispiel-Verknüpfungen an. Lassen Sie sich ruhig durch meine Verknüpfungsgeschichtchen anregen. Um Übung zu bekommen, stellen Sie sich meine Beispiele doch gleich einmal vor Ihrem geistigen Auge vor. Danach machen Sie den Verknüpfungsspiel-Test noch einmal und schauen, wie viele Ihnen dann wieder einfallen.

PC-Maus und Burj Al Arab in Dubai: Tausende „PC-Mäuse" hängen an ihren Kabeln am „Burj Al Arab" herunter und wehen im Wind. Es ist so auch ziemlich laut, weil sie ja ständig ans Gebäude klatschen.

Schirmständer und Kathedrale La Sagrada Familia in Barcelona: Als Sie die berühmte „Sagrada" besuchen wollen und schon am Eingang stehen, werden Sie aufmerksam gemacht auf die neuen Regeln: Sie dürfen die „Kathedrale" nur mit „Schirmständern" an den Füßen betreten. Diese werden Ihnen leihweise zur Verfügung gestellt.

Faxgerät und Golden Gate Bridge in San Francisco: Endlich sind Sie in „San Francisco" an der „Golden Gate Bridge" angekommen. Sie wollen zumindest einmal über die Brücke fahren. Und als Sie begeistert vom Ausblick über die breite Brücke cruisen, überholt Sie auf einmal ein großes „Faxgerät". Na ja, Sie sind halt in den USA, da ist alles möglich.

Rollcontainer und Opernhaus in Sydney: Es gibt jetzt neue Design-„Rollcontainer". Die sehen bis ins Detail aus wie das „Opera House". Dank der vielen Ablagemöglichkeiten ist der neue „Opera-Rollcontainer" dann auch extrem praktisch.

Leseleuchte und Weißes Haus in Washington: Ein junger Künstler hat eine tolle Idee: Er möchte das „Weiße Haus" mit einer riesigen, ca. 30 Meter hohen „Leselampe" beleuchten. Diese ist auch noch sehr umweltfreundlich, weil sie mit Solarenergie versorgt wird.

Telefon und Kölner Dom: Der „Kölner Dom" ist seit Kurzem mit mehreren „Telefonen" im Inneren ausgestattet. Sämtliche Gespräche sind gratis. Dies ist ein genialer Marketingstreich der Stadt. Die Besucherzahl ist um das 15-Fache gestiegen.

Bildschirm und Brandenburger Tor in Berlin: Um das „Brandenburger Tor" vor Witterungseinflüssen zu schützen, wird es komplett überbaut. Damit die Touristen es trotzdem noch sehen können, wird von allen Seiten ein großer „Bildschirm" drangehängt, von welchem es in Originalgröße strahlt.

Schreibtisch und Kolosseum in Rom: Die Stadtväter von „Rom" brauchen Geld. Sie bieten nun das „Kolosseum" als Büro stundenweise zum Mieten an. Ein großer „Schreibtisch" steht schon drin. Er ist im Mietpreis inklusive.

Tacker und Freiheitsstatue in New York: Ein Unbekannter hat der „Freiheitsstatue" die Fackel geklaut. Die Polizei tappt noch im Dunkeln. Einziger Hinweis: Der Täter hat der Statue einen riesigen Tacker in die Hand getackert.

Tesafilm und Eiffelturm in Paris: Verpackungskünstler Christo hat ein neues Projekt.

Bilder sind die Sprache des Gehirns. Ein Bild ist eher als abstrakte Informationen in der Lage, Gefühle auszulösen. Gefühle wiederum sind für die Dopaminausschüttung relevant. Unter Dopamineinfluss Gelerntes bleibt schneller, besser und länger im Gedächtnis. Die Bilder müssen nicht exakt der zu merkenden Info entsprechen. Es reicht, wenn sie ähnlich sind.

5.2 Geistig fit ins hohe Alter

Laut Professor Manfred Spitzer sterben während der gesamten Lebenszeit nur ca. zehn Prozent unserer Gehirnzellen ab. Doch es wachsen ja auch immer wieder welche nach. Die meisten Hirnzellen nutzen wir im täglichen Leben überhaupt nicht. Sie sollten darauf achten, geistig rege und aktiv zu bleiben. Denn: Ein nicht genutztes Hirn baut wesentlich schneller ab als ein genutztes. Ein gehirngerecht genutztes, trainiertes und gefordertes Hirn nimmt sogar im Alter noch zu bzw. wird noch leistungsfähiger. Unser Gehirn ist trainierbar. Aber was für unsere Muskeln gilt, gilt in erhöhtem Maße für unser Denkorgan: „Use it or lose it." Die Geisselhart-Technik ist ein effektives Training für Ihr Gehirn und wirkt damit dem geistigen Abbau effektiv entgegen.

Gedächtnistraining hält die grauen Zellen fit

Ungefähr acht bis 13 Prozent aller über 65-Jährigen leiden, so die Deutsche Gesellschaft für Psychiatrie, Psychotherapie und Nervenheilkunde, unter Demenz. Ganze 40 Prozent sind es sogar schon bei den über 90 Jahre alten Menschen. Mit Demenz bezeichnet man den Zerfall der geistigen Leistungsfähigkeit, speziell die Abnahme von Gedächtnisleistung und Denkvermögen. Erkrankte Personen sind oft damit einhergehend aggressiv, enthemmt, depressiv oder schwankend in ihrer Stimmung. Schlimm: Wer Alzheimer bekommen soll (genetisch bedingt), der bekommt es auch. Die Frage ist nur, wann. Komplett verhindern lassen sich Demenz und Alzheimer zurzeit noch nicht, auch wenn die Medikamente immer besser werden.

Vielversprechender sind vorbeugendes Training, geistiges Gefordertsein, Bewegung und die richtige Ernährung. Vor allem durch gezieltes Training lassen sich Alzheimer & Co. lange Zeit hinauszögern bzw. bei schon vorhandenen Symptomen ist deutliche Besserung wissenschaftlich nachgewiesen. Heutzutage ist Alzheimer so weit verbreitet, weil wir so alt werden. Früher starben die Menschen, bevor sie Alzheimer hätten kriegen können. Doch bei genügend und richtigem Training können es Betroffene schaffen, den Krankheitseintritt auf Lebenszeit hinauszuzögern. Laut Roland Brandt, Professor für Neurobiologie an der Universität Osnabrück, sind aktivere Nervenzellen widerstandsfähiger; das neuronale Netz wird durch Training dichter und somit gegen Schäden resistenter. Brandts Tipp daher: trainieren, trainieren, trainieren! Das beste Training ist die tägliche hirngerechte Benutzung von Gehirn und Gedächtnis.

Durch Training oder richtige Gehirnbenutzung ist es möglich, das Gehirn auch im Alter fit zu halten und darüber hinaus noch fitter zu machen. Selbst Alzheimer und andere Formen von Demenz lassen sich dadurch aufhalten und sogar lindern.

5.3 Memoryfood

Da unser Gehirn leider keinen Treibstoff speichern kann, muss dieser ständig nachgereicht werden. Unser Körper speichert seinen Treibstoff in Form von Fett, unser Gehirn kann so etwas nicht. Die Nährstoffe aus dem Blutkreislauf und der Leber sind schnell verbraucht. Und nur im Notfall greift unser Denkorgan zum Beispiel auf körpereigenes Protein zurück und wandelt dieses in Glucose um. Deshalb spielt die Ernährung eine wichtige Rolle für unseren Geist. Studien belegen, dass Testpersonen, wenn sie nicht gefrühstückt haben, während des Vormittags mehr Fehler machen als mit Frühstück. Auch zwischendurch, ca. alle zwei bis drei Stunden, sollten Sie Hirnnahrung zu sich nehmen.

Energie fürs Gehirn

Obwohl das Gehirn nur ungefähr zwei Prozent des gesamten Körpergewichts ausmacht, verschlingt es ca. 20 Prozent unserer gesamten Energie. Sollten Sie also beispielsweise ca. 2500 Kalorien pro Tag verbrauchen, braucht Ihr Gehirn davon allein ca. 500. Damit ist das Gehirn eindeutig das Organ mit dem höchsten Energieverbrauch. Und diese Energie gewinnt es aus Glucose. Aus bestimmten Aminosäuren, also Eiweißbausteinen, bildet es Botenstoffe, Neurotransmitter. Ohne diese würde unser Hirn nicht funktionieren. Fette sind wichtig für die Gehirnentwicklung und die Reparatur von altersbedingten Nervensystemschäden.

Sie sollten also auf eine ausgewogene Ernährung mit Kohlenhydraten, Eiweißen und auch (gesunden) Fetten achten. Eine sehr kohlenhydratarme Diät führt in der Regel zu Konzentrations- und Gedächtnisschwäche. Im schlimmsten Fall zu gravierenden Hirnschäden.

Wasser, Kaffee, Wein & Co.

Das wichtigste Lebensmittel überhaupt ist Wasser. Unser Körper besteht zu zwei Dritteln daraus, unser Gehirn sogar zu 85 Prozent. Ab fünf Prozent Wassermangel tritt ein deutlich spürbarer Gehirnleistungsnachlass ein. Die Mediziner gehen heute davon aus, dass etwa zehn Prozent aller Alzheimer-Diagnosen lediglich auf mangelnde Flüssigkeitszufuhr zurückzuführen sind. Dadurch beginnt das Hirn zu schrumpfen. Dieses Schrumpfen ist ein ziemlich eindeutiges Zeichen für Alzheimer. Also: tüchtig trinken! Sorgen Sie für eine kontinuierliche Flüssigkeitszufuhr. Am besten sind ca. 0,2 Liter Wasser pro Stunde. Und: Wenn Sie erst bei Durst trinken, ist es bereits zu spät. Das Durstsignal entsteht erst bei beginnender Dehydrierung. Vorsicht ist bei zu viel Koffein geboten. Ein Zuviel führt schnell zu Konzentrationsproblemen und Nervosität, weil es den natürlichen Entspannungsmechanismus verhindert.

Bei alkoholhaltigen Getränken verhält es sich noch extremer. Allgemein entspannt Alkohol, vermindert aber auch die Denkleistung, zumindest wenn er in größeren Mengen genossen wird. Studien von Prof. Ernst Pöppel belegen, dass Personen mit moderatem Alkoholkonsum (Frauen max. 0,25 Liter, Männer 0,4 Liter pro Tag, idealerweise Rotwein) gehirntechnisch fitter sind als Personen, die gar nichts Alkoholisches trinken. Auch aus der Sicht von Kardiologen sind 20 bis 30 Gramm Alkohol, wieder am besten Rotwein (0,2 bis 0,3 Liter), pro Tag gesundheitsförderlich. Damit lässt sich nachweislich das kardiovaskuläre Risiko verringern. Auf Deutsch: Ein Glas Wein oder ein halber Liter Bier täglich schützt vor Herzinfarkt und macht Ihr Hirn fit.

Das sollten Sie zu sich nehmen

- Trinken Sie über den Tag verteilt ca. zwei Liter stilles Wasser. Die Denkleistung wird durch das dünnere und damit besser fließende Blut sofort verbessert.
- Ananas und Bananen fördern die Serotonin-(Glückshormon-)produktion.
- Eier und Soja fördern die Konzentration und nach zwei Stunden messbar das Kurzzeitgedächtnis.
- Fisch verbessert das Kurzzeitgedächtnis, schützt unsere Zellen, bildet Gehirnbotenstoffe und wirkt der Zellalterung entgegen.
- Obst und Gemüse steigern die Konzentrationsfähigkeit und die Reizübertragung in den Nerven.
- Kartoffeln steigern die Hirndurchblutung und wirken positiv aufs Kurzzeitgedächtnis.
- Milchprodukte schützen vor Stress, begünstigen die Serotoninproduktion und verbessern die Gedächtnisleistung.
- Nüsse steigern das Kurzzeitgedächtnis, schützen die Gehirnzellen und reparieren Zellschäden.
- Vollkornprodukte fördern Gedächtnis, Konzentration und die Zellteilung.

Mit einer ausgeglichenen Ernährung (auch wenn Sie sich nicht akribisch daran halten), werden Sie Verbesserungen Ihrer Gedächtnisleistung feststellen. Sollten Sie Ihre geistige Leistungsfähigkeit spürbar verbessern wollen, ohne auf Genuss und Komfort zu verzichten, dann wird dies mit den Memoryfood-Tipps klappen.

Wenn wir wissen, wie unser Gehirn funktioniert, können wir unsere Gedächtnisleistung gezielt fördern:

- *Bilder wecken Gefühle, und Gefühle sorgen für die gedächtnisstechnisch wichtige Dopaminausschüttung im Gehirn. Je kreativer und skurriler die Bilder, desto effektiver sind sie.*
- *Durch ständiges Gedächtnistraining bleiben wir auch im Alter geistig fit.*
- *Wichtig: eine ausgeglichene Ernährung und viel Flüssigkeit!*

Der Autor

Oliver Geisselhart ist „Deutschlands Gedächtnistrainer Nr. 1“ (ZDF).

Dipl.-Betriebsw. Oliver Geisselhart war bereits 1983, mit 16 Jahren, Europas jüngster Gedächtnistrainer. Der mehrfache Bestsellerautor ist „Gedächtnistrainer des Jahres 2000“, Gewinner des Conga Awards 2008 und 2009, Top 100 Speaker und Universitätslehrbeauftragter. Der „Gedächtnis-Papst“ (TV HH1) ist bekannt durch unzählige Presse-, Radio- und Fernseh-Auftritte. Firmen wie Bosch, Telekom, TUI, Hewlett Packard, Deutsche Bank, RWE, Fujitsu Siemens, BASF, LBS, Microsoft, AOK, Lufthansa, BMW, IBM, E-Plus buchen Oliver Geisselhart weltweit als Speaker und Trainer für kurzweilige und unterhaltsame Mitarbeiter- und Kundenveranstaltungen.

Oliver Geisselhart versteht es in unnachahmlicher Weise mit Witz, Charme und Esprit seine Zuhörer zu begeistern, zu motivieren und zu Gedächtnisbenutzern zu machen.

Weiterführende Literatur

- Buzan, Tony: *Nichts vergessen.* 3. Auflage. München: Goldmann, 2000
- Gazzaniga, Michael S.: *Das erkennende Gehirn.* Paderborn: Junfermann, 1988
- Geisselhart, Oliver: *Kopf oder Zettel?* 3. Auflage. Offenbach: GABAL, 2008. Auch als CD-ROM erhältlich
- Geisselhart, Oliver: *Souverän freie Reden halten.* 3. Auflage. Offenbach: GABAL, 2009
- Geisselhart, Oliver: *Notizbuch im Kopf.* München: Gräfe und Unzer, 2009
- Geisselhart, Oliver; Geisselhart, Roland R.: *Power Tool: Gedächtnis.* 5. Auflage. Berlin: Fit for Business, 2008
- Geisselhart, Oliver; Geisselhart, Roland R.; Burkart, Christiane: *Gedächtnis-Power für Verkäufer.* Zürich: Orell Füssli, 1999

Register

Abstrakte Begriffe 52
Alkohol 74
Alzheimer 71f., 74
Anwendung 44, 58
Argumente 7, 19, 51, 55f.

Daten behalten 23, 35f., 56
Demenz 71

Ernährung 71f., 75f.

Fachbegriffe behalten 7, 45, 47
Fachinformationen lernen 47, 49
Fachtermini behalten 45, 47, 49
Fachtexte merken 47
Freie Rede 19, 51, 56
Freier Vortrag 6, 7, 51
Frei präsentieren 19, 51, 56
Fremdwörter merken 7, 38ff.

Gedächtnis 6-9, 12, 15, 25, 29, 49, 56, 59, 64, 70, 72, 75
Gedächtnisleistung 6, 58, 71, 75f.
Gedächtnistraining 71, 76
Gefühle 9, 15, 28, 30, 40, 42f., 45f., 54, 64, 70, 76
Gehirn 6, 13, 15, 19, 40f., 57, 63, 71-74, 76
Geisselhart-Technik 6f., 17, 19, 23f., 44, 49, 51, 55, 57, 64, 71
Geistige Leistungsfähigkeit 71, 75
Geschichten 12, 25, 57, 68

Hochzeitstag behalten 19f.

Kinder 44
Kopfkino 9, 11, 31, 33, 40, 42, 46, 59, 64
Kreativität 17, 19, 40, 44f., 56, 58, 63, 65ff.
Kurzzeitgedächtnis 75

Lernen 41, 52f., 57
Listen speichern 7, 13, 19

Memoryfood 72, 75

Namen behalten 7, 27ff., 35ff., 39, 56, 59, 65

PIN merken 7, 20f.
Präsentation 19, 51, 55f., 61

Sprachen lernen 39, 44

Tagesplan abspeichern 18
Telefonnummern merken 7, 21f., 25
Terminkalender im Kopf 17

Verhandlung 7, 55, 61
Verhandlungsgespräch 55
Vokabeln lernen 7, 39-45, 47, 49

Zahlen behalten 13, 15, 16, 19f., 23f.
Zahlensymbole 13, 15, 18ff., 23ff., 48, 55f., 59f., 61